BAYERLAND WANDERZIELE

Manfred Kittel

Erlebniswandern im Landkreis Ebersberg

BAYERLAND WANDERZIELE

Manfred Kittel

Erlebniswandern im Landkreis Ebersberg

Verlagsanstalt »Bayerland« Dachau

In gleicher Aufmachung sind außerdem erschienen:

Erlebniswandern im Dachauer Land

Erlebniswandern im Fürstenfeldbrucker Land

Erlebniswandern im Landkreis Landsberg/Lech

Erlebniswandern im Fünfseenland/Starnberg

Erlebniswandern im Landkreis Aichach-Friedberg

Erlebniswandern im Landkreis Miesbach

Erlebniswandern im Landkreis Weilheim–Schongau

Erlebniswandern im
Landkreis Garmisch-Partenkirchen

Erlebniswandern im
Landkreis Bad Tölz-Wolfratshausen

Erlebniswandern im Landkreis München

Erlebniswandern im Landkreis Rosenheim

Erlebniswandern im Chiemgau –
Landkreis Traunstein

Erlebniswandern im Berchtesgadener Land

Ausgaben für weitere südbayerische Gebiete
in Vorbereitung

Verlag und Gesamtherstellung:
Druckerei und Verlagsanstalt »Bayerland«
Anton Steigenberger,
8060 Dachau 2, Konrad-Adenauer-Straße 19

Titelgrafik: Hans Fischach
Fotos: Manfred Kittel
Tourenskizzen: Angelika Frenzel

Printed in Germany · ISBN 3-89251-104-7

Inhalt

Geleit

Der Landkreis Ebersberg vor den Toren der bayerischen Landeshauptstadt profitiert sehr unterschiedlich vom Wochenendausflugsverkehr der Metropole. Das liegt in den topographischen Merkmalen der Landschaft begründet. Die nordwestliche Hälfte gehört zur Münchner Schotterebene und ist im wesentlichen, abgesehen von der nördlichen Spitze, von Wald bedeckt – vom ausgedehnten, 90 qkm großen Ebersberger Forst. Wer gerne Waldspaziergänge macht, findet hier nahezu unbegrenzte Möglichkeiten. Allerdings – besondere Attraktionen gibt es nicht. Das Wegenetz ist schachbrettartig durch den Forst gezogen. Man kann also, wenn man will, auf schnurgerader Forststraße von Kirchseeon bis Forstinning wandern, und das sind immerhin fast 10 km. Der nördliche Zipfel im Bereich der Gemeinden Pliening, Poing und Markt Schwaben, er endet am großen Speichersee, ist »brettleben« und ohne natürliche Höhepunkte, sieht man einmal vom Wildpark bei Poing ab.

Ein völlig anderes Gesicht hat die Landschaft im südöstlichen Teil des Landkreises, begrenzt durch die Gemeinden Oberpframmern, Moosach, Kirchseeon, Ebersberg und Steinhöring. Das wald- und wasserreiche Isar-/Innhügelland bietet eine Fülle reizvoller Wanderziele. Es beginnt beim Naturschutzgebiet am Eggelburger See bei Ebersberg und zieht sich hin zu den Moosen südlich von Aßling. An schönen Wochenenden sind Straßen und Wege überfüllt mit Münchner Ausflüglern, obwohl es ein eigentli-

ches Wanderwegenetz im Landkreis nicht gibt. Dafür bieten sich viele Einkehrmöglichkeiten an, mit teilweise stattlichen Biergärten und deftigem Brotzeitangebot.
Der Landkreis Ebersberg ist verhältnismäßig klein. Hier 30 Routen zu finden, die jedesmal einen zwei- oder mehrstündigen Erlebnisausflug garantieren, hat zur Folge, daß eine Route fast an die andere anschließt, zumindest im Hügelland.
Für den Ebersberger Forst wurden bewußt keine Wandervorschläge gemacht. Einige Touren von den Randgemeinden aus führen allerdings hinein. Wer im Forst wandern will, für den bietet sich als Startpunkt St. Hubertus an der Verbindungsstraße Ebersberg–Anzing an.
Einige der vorgeschlagenen Rundwanderungen führen durch etwas unübersichtliches Gelände. Es empfiehlt sich, wenn man keine topographische Karte bei der Hand hat, genau den Beschreibungen des Büchleins zu folgen. Weil in den Beschreibungen oft auch die Himmelsrichtung angegeben ist und nur wenige Wanderer in der Lage sind, aus der Bemoosung der Bäume, dem Wachstum der Pflanzen, dem Stand der Sonne, also aus den Gegebenheiten der Natur, die Himmelsrichtung zu erkennen, empfiehlt es sich, einen Kompaß mitzunehmen. So kann man auch, falls man den Weg verlieren sollte, nach der Himmelsrichtung und dem Verlauf der beigegebenen Wegskizze die allgemeine Wanderrichtung ermitteln. Man sollte vor allen Dingen auf Landmarken achten und sich daran orientieren.

Die angegebenen Zeiten sind Richtwerte. Sie berücksichtigen keine Pausen. Gerechnet sind auf 4 km Wegstrecke eine Stunde Gehzeit. Jedermann hat jedoch ein anderes Wandertempo, und mit Kindern braucht man ohnehin länger. Man sollte sich auf jeden Fall Zeit lassen! Manches Sehenswerte gibt es am Weg zu entdekken. Und vielleicht läßt sich die vorgegebene Route durch eine interessante Variante bereichern.

Manchmal muß ein Verbindungsstück weglos bewältigt werden. Es ist dabei selbstverständlich, daß, wenn es sich um Ackerland handelt, auf Saat und Anbau Rücksicht genommen wird. Man geht dann entweder an Feldrainen entlang oder nimmt vielleicht sogar einen Umweg in Kauf.

Die meisten Bezirke sind tollwutgefährdet. Hunde müssen dort an der Leine bleiben. Das gilt grundsätzlich auch, wenn Wanderwege durch den Wald führen.

Es versteht sich von selbst, daß Wanderer die Natur schonen, keine Abfälle wegwerfen, nichts zerstören, sondern nur schauen und sich an dem erfreuen, was sich dem Auge bietet. Denn sogar Lärm stört in der Natur und scheucht das Wild auf.

Die beschriebenen Wege lassen sich bei jedem Wetter begehen, auch im Winter, entsprechende Kleidung und festes Schuhwerk vorausgesetzt. Natur ist zu jeder Jahreszeit ein Erlebnis.

Also, auf geht's!

Der Landkreis Ebersberg

Der Landkreis Ebersberg liegt gewissermaßen vor den Toren Münchens, am Ostrand des Landkreises München. Im Norden schließt der Landkreis Erding an, im Nordosten der Landkreis Mühldorf am Inn, im Osten und Süden der Landkreis Rosenheim. Hauptverkehrslinien sind die Bundesstraße 12 München–Passau und die Bundesstraße 304 München–Wasserburg. So ziemlich mitten durch den Landkreis verläuft auch die Bahnlinie München–Rosenheim mit einer Abzweigung bei Grafing nach Wasserburg. Die Bahnverbindung München–Mühldorf berührt den nördlichen Zipfel des Landkreises. Von Autobahnen wird der Landkreis Ebersberg nicht berührt.

Der Nordwesten des Landkreises Ebersberg ist ein Ausläufer der Münchner Schotterebene, im Südteil im wesentlichen vom riesigen Ebersberger Forst bedeckt. Die Landschaft im Südosten mit den Grenzgemeinden Egmating, Oberpframmern, Kirchseeon, Ebersberg und Hohenlinden gehört zum Isar-/Innhügelland. Es ist eine vielgestaltige, wasserreiche Landschaft mit viel Wald. Die wesentlichen Flüsse sind die Glonn, die Attel und die Ebrach. An der Grenze des Hügellandes zur Schotterebene gibt es auch einige Seen: den Kastenseeoner See, den Kitzelsee, den Steinsee und vor allen Dingen den Eggelburger See, weitgehend Landschafts- und Naturschutzgebiete. An der Südostgrenze breiten sich ausgedehnte Moose aus.

Die Siedlungen gehen zum großen Teil auf die Zeit der bayerischen Landnahme zurück. Es waren die Bajuwaren, die von einem Gebiet Besitz nahmen, das vorübergehend herrenlos geworden war, nachdem sich die Römer in der Mitte des 5. Jahrhunderts aus ihren Provinzen nördlich der Alpen zurückgezogen hatten. Die fruchtbaren Landstriche der Täler und der Bereich der Lößablagerungen wurden dabei früher besiedelt als die jungeiszeitlichen Schotterterrassen und Moränengebiete.

Der Westteil des Landkreises ist heute ein Ausläufer des Verdichtungsraumes München und aus diesem Grund dicht besiedelt.

Die tiefsten Punkte des Landkreises liegen im Nordwesten beim Speichersee und im Südosten bei Aßling, jeweils um die 500 m Höhe, während der Obermaierberg östlich von Egmating 638 m erreicht, eine Gipfelhöhe, die den Höhen des Odenwalds und des Spessarts gleichkommt.

Die beiden Hauptlandschaften des Kreisgebietes sind geologisch relativ jung. Sie sind das Werk gewaltiger Gletscher, die in den letzten Millionen Jahren der Erdgeschichte wiederholt aus den Alpen ins Voralpenland vorgestoßen sind. Sie haben im gesamten Kreisgebiet die älteren Massen der Tertiärzeit überdeckt. Isar- und Inngletscher haben nicht nur das Relief des Landkreises geformt. Sie haben auch die Grundlagen für das Gewässernetz gelegt. Man spricht vom grundwasserreichsten Gebiet Deutschlands. Die geschlossenste Landschaftsform im Landkreis wird durch den Ebersberger Forst gebildet, der 90 qkm umfaßt, von denen gut 75 qkm als Landschaftsschutzgebiet ausgewiesen sind.

Zu den geschützten Bereichen des 549,32 qkm großen Landkreises Ebersberg gehören die Naturschutzgebiete Vogelfreistätte Eggelburger See und Kupferbachtal und die Landschaftsschutzgebiete Eggelburger See, Ebersberger Weiherkette, Doblgebiet und Atteltal, Steinsee, Moosach, Doblbach, Brucker Moos und Umgebung, Kitzelsee, Kupferbachtal, Kastenseeoner See – Markt Glonn und der Endmoränenzug neben dem Ebersberger Forst.

Nördlich von Ebersberg findet sich ein mächtiger Endmoränenrücken, eine Art Wasserscheide zwischen den zum Inn strömenden Gewässern und dem unter der Schotterebene nach Norden fließenden Grundwasserstrom. Der höchste Punkt ist hier die Ludwigshöhe mit 619 m.

Wenn es auch dem Landkreis Ebersberg an überwältigenden geschichtlichen oder kulturhistorischen Höhepunkten fehlt, so bieten die einzelnen Gemeinden doch Interessantes. Die Gemeinde Anzing war beispielsweise schon in frühgeschichtlicher Zeit besiedelt, was Funde aus der Kelten- und Römerzeit beweisen. Seit 1625 gab es eine ehemals blühende Wallfahrt zu Unserer Lieben Frau von Anzing. Der Dichter Franz von Kobell verewigte den Ort in der Literatur (»Der Posthalter von Anzing«).

Zu den frühen bajuwarischen Siedlungen gehört Aßling, das zeitweise sogar Sommerresidenz der Freisinger Bischöfe war. Nach alten Überlieferungen soll sich auf dem Büchsenberg eine Burg befunden haben.

Baiern hat kein richtiges Gemeindezentrum.

Man spricht vom Bairer Winkel, der sich seine kulturelle Eigenständigkeit bewahrt hat.
Bruck im Tal der Moosach liegt an einem uralten Flußübergang. Die Gemeinde war mit der Hofmark Wildenholzen eng verbunden, deren Schloß auf einer schmalen Landzunge über dem Daxloch gestanden hat.
Bei Pullenhofen wurden frühkarolingische Steinplattengräber gefunden.
Die Gründungsgeschichte von Ebersberg wird in einer Legende erzählt. Im 9. Jahrhundert hat hier Gaugraf Sighart von Sempt aus dem Geschlecht der Vagana gelebt. Er soll auf der Jagd einen Eber verfolgt haben, welcher der Teufel selbst gewesen und an einem heidnischen Ort gewohnt haben soll. Ein Mönch riet, an dieser Stelle eine Burg zu bauen. Ebersberg wurde später Klosterort und zur Zeit der napoleonischen Kriege der Schauplatz von Schlachten.
In Egmating wurde ein Reihengräberfeld aus dem 7. Jahrhundert gefunden. Der Ort hat eine romanische Kirche, die 1618 ausgebaut wurde.
Das nahe Orthofen war jahrhundertelang Sitz eines herzoglichen Amtes.
Emmering ist eine 1978 in der heutigen Form neu geschaffene Gemeinde. Das Wahrzeichen ist die Pfarrkirche St. Pankratius auf einem Hügel mit einem 56 m hohen Spitzturm und einem Deckengemälde von Johann Baptist Zimmermann. Zur Gemeinde gehört auch das Schloß Hirschbichl.
Die Geschichte von Forstinning begann mit der Grafenburg in Sempt. Heute ist Sempt eine Einöde mit einer Mühle. In der Einöde Berg wurden Reste einer römischen Villa ausgegraben. In

Moos bei Forstinning hielt sich lange Zeit der Komponist Carl Maria von Weber auf, und der Reformpädagoge Georg Kerschensteiner war Hilfslehrer an der Forstinninger Schule. Zum Gemeindegebiet von Frauenneuharting gehören die romantischen Rieder Filze. Sehenswert im Gemeindebereich ist auch das Schloß Eichbichl.
Glonn, das heiß so viel wie »rein«, hat keltischen Ursprung, es war eine Niederlassung am klaren Wasser des Glonnbaches. Das nahe Tuffsteinvorkommen wurde von den Römern als Steinbruch genutzt. Gefunden wurden dort auch neolithische Wohnstättenreste. Auf dem Gebiet der Marktgemeinde liegt das Schloß Zinnenberg, das 1235 erstmals in Urkunden auftaucht. 1804 erwarb Kurfürstin Leopoldine das Schloß von den Fuggern. Stark besucht war früher die Marienwallfahrt nach Kreuz im Gemeindebereich Glonn.
Der Ursprung Grafings geht auf die Völkerwanderung zurück. Bei Ausgrabungen entdeckte man in Gräberfeldern reiche Funde. Eine kostbare Ausstattung hat die Dreifaltigkeitskirche, die um 1680 geweiht wurde. Zu den besonderen Sehenswürdigkeiten aber zählt die mittelalterliche Burg Elkofen, die um 1100 einer edelfreien Familie gehörte.
Hohenlinden hat eine reiche geschichtliche Vergangenheit. Einst Rodungssiedlung des Klosters Ebersberg, wurde es unter Kurfürst Ferdinand Maria zur Hofmark. Kaiser Joseph II. von Österreich weilte hier, Papst Pius VI., Beethoven, die Kaiserin Elisabeth von Rußland, Kaiser Franz Joseph von Österreich, Alexander von Rußland und König Ludwig I. von Bayern. Auch

die Schlacht von Hohenlinden ist in die Geschichte eingegangen.
Kirchseeon gehört zu den jüngsten Gemeinden des Landkreises. Holzfäller, die aus dem Bayerischen Wald und aus Tirol kamen und sich am Rande des Ebersberger Forstes niedergelassen hatten, gründeten die Kolonie.
Markt Schwaben war Sitz eines Kastenamtes und Pflegegerichts. 1283 wählte es Herzog Ludwig der Strenge zum Burgplatz. Das Schloß errichtete die Witwe des Kurfürsten Maximilian I., Maria Anna. Bis 1811 blieb es dann Sitz des Pflegegerichts. Die Pfarrkirche St. Margareth stammt aus den Jahren 1669/72.
In der Gemeinde Moosach, die im Kirchenbesitz war, gab es zahlreiche Mühlen. Dort, wo heute die Wallfahrtskirche Maria Altenburg steht, war einst eine Burg. Auf einem Steilhang über der Moosach liegt Schloß Falkenberg.
In Oberpframmern gab es die Eremitenklause Sommergrün.
Archäologische Zeugnisse für eine Besiedlung des Ortes Pliening gehen in die Urnenfelderzeit zurück, also ungefähr 1000 v. Chr. Gefunden wurden auch 200 Gräber eines merowingischen Reihengräberfeldes. Die Plieninger Kirche stammt aus dem 12. Jahrhundert.
Der nahe Ort Gelting war seit der Bronzezeit ununterbrochen besiedelt. Der Ortsadel besaß hier eine Burg.
In Poing entstand im Mittelalter ein Herrensitz, später wurde der Ort Hofmark mit Gericht und Amtshof. Die Michaelskirche ist ein romanischer Tuffquaderbau.

Bis in die Zeit des Dreißigjährigen Krieges gab es in Steinhöring eine Marienwallfahrt. Die Kirche St. Gallus ist spätgotisch. Seit 1123 ist hier ein Adelssitz beurkundet. Dann gab es einen herzoglichen Kasten und eine Schranne. Im Jahre 1800 tobten hier heftige Kämpfe zwischen Österreichern und Franzosen.
Vaterstetten entstand in der heutigen Form durch das Bestreben der Münchner, sich Zweitwohnsitze auf dem Land zu schaffen. Die Ortsteile von Vaterstetten gehen auf die bajuwarische Landnahme zurück.
Oberhalb Pofing gab es eine Burg Gebelsberg. Auch ein Ortsadel ist genannt. Um 1095 existierte in Zorneding ein Edelsitz. Die umliegenden Wälder waren Eigentum der bayerischen Herzöge, die in Zorneding ein Jagdschloß besaßen. Hier starb 1361 Herzog Ludwig der Brandenburger. Die wirtschaftliche Entwicklung des Ortes geht auf die günstige Lage an der alten Salzstraße München–Wasserburg–Reichenhall zurück. Es gab auch eine Poststation, und der bedeutendste Posthalter war Adam Anton Grandauer.
Diese kleine Übersicht beweist, daß der Landkreis Ebersberg eine Reihe interessanter Kleinode besitzt. Es ist lohnend, sie im Zusammenhang mit einer Rundwanderung zu entdecken.

1. Um den Schloßberg

Gemeindezugehörigkeit: Aßling

Ausgangsort: Aßling

Zufahrt/Lage:

31 qkm groß ist diese Gemeinde im südlichen Landkreis. Sie liegt an der Kreuzung der Staatsstraßen 2080 Grafing–Rosenheim und 2079 Rott am Inn–Glonn und besitzt einen Bahnhof an der Hauptstrecke München–Rosenheim. Die Landschaft hier auf den Hügeln über den Flußtälern von Attel und Moosach nördlich der ausgedehnten Filze, zu denen die Aßlinger Filze gehören, ist übersichtlich und wegen dieser Übersicht im Banne des Alpenpanoramas, das sich im Süden gewaltig aufbaut und bei Föhn zum Greifen nahe liegt.

Der Ort war früher ein Bauerndorf. Aber die gute Verkehrslage ließ Wohnsiedlungen im Umkreis entstehen. Die Gemeinde wurde zum Kleinzentrum mit reicher Infrastruktur. Es gibt eine Grund- und eine Hauptschule mit Turnhalle und Hallenbad, ferner Fußballplätze, eine Tennisanlage, eine Gemeindebücherei und, bei aller Moderne, noch ein paar alte Bauten, wie den Gasthof Alter Wirt am Kirchplatz, der in der zweiten Hälfte des 17. Jahrhunderts entstand, oder einige Bauernhöfe in der Grafinger Straße. In der Ortsmitte steht die spätgotische Pfarrkirche St. Georg, die 1592 gebaut, 1681 barockisiert und 1911 erweitert wurde.

Verlauf der Wanderung: In die Waldhügel

Ausgangspunkt ist die Kirche in Aßling. Wir gehen südwärts am »Alten Wirt« und am Maibaum vorbei und halten uns bei der Straßenabzweigung, die durch das Geschäft »Bauernstube« markiert wird, rechts in die Bahnhofstraße. Die nächste Gabelung führt uns wieder rechts in Richtung Lorenzenberg und auf die Waldhügel zu, vor denen die Bahnlinie verläuft. Wir wandern zum Wald hinauf, im Straßenbogen über die Bahnüberführung und biegen hier gleich links in Richtung Hochreit ab.

Nach Dorfen hinunter

Ein Stück bewegen wir uns parallel der Bahngleise. Nachdem wir einen Graben überquert haben, schwenken wir rechts in den Wald hinauf. Wir halten uns nun streng in westlicher Richtung, zunächst auf Wegspuren neben dem tief eingeschnittenen Graben. Nach einem Grundstück, das umzäunt ist, gehen wir links vom Graben weg, überqueren einen Forstweg und kommen in die Wiesen hinaus und zwar dort, wo ein Waldvorsprung eine Wiesenbucht begrenzt. Diese Wiesenbucht passieren wir westwärts durch eine Mulde, in der ein Querweg verläuft, steigen hinauf zum Waldrand und wandern bis zum Ende dieses Waldstücks. Es ist der Wald am Schloßberg. Dann steuern wir am Koppelzaun entlang auf Dorfen zu, gehen über Koppeln und durch ein Gehöft, erreichen

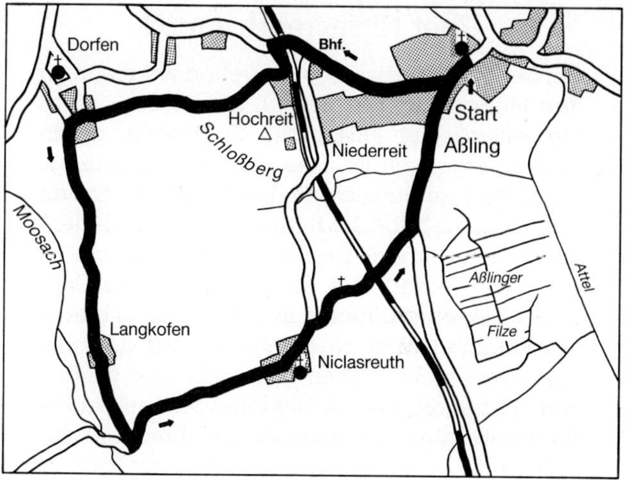

einen Teerweg und halten uns rechts, um dann gleich links in Richtung Langkofen abzubiegen.

Über dem schönen Moosachtal

Das Sträßchen am hohen Hang über dem reizvollen Tal der Moosach führt uns in südlicher Richtung ganz sanft bergab. Großartig ist hier der Blick auf das Alpenpanorama. Bald kommen wir zu einem Waldstück, marschieren hinein, wandern abwärts und erreichen danach den Weiler Langkofen. Diesen durchqueren wir geradeaus dicht über dem Bachtal, streben auf der Höhe wieder dem Wald zu und bewegen uns am Rand entlang in Richtung auf ein Fahrsträßchen hinunter, in das wir links, zunächst nordwärts, einbiegen.

Über Niclasreuth zurück

Bei der Straßenabzweigung gehen wir rechts in den kleinen Ort Niclasreuth hinauf. Hier steht die katholische Filialkirche St. Ursula, deren Chor spätgotisch ist. Das Langhaus allerdings ist im Kern romanisch. In der Dorfstraße finden sich ein paar hübsche Bauernhäuser. Nach dem Ort haben wir eine großartige Aussicht, vor allem nach Süden und Osten. Nach dem Ortsschild biegen wir rechts in den Feldweg hinunter, kommen über einen Buckel, auf dem ein Feldkreuz steht, haben nochmals eine schöne Aussicht in die weiten Niederungen, gehen zur Bahnunterführung hinunter und hindurch zur Fahrstraße, die uns links nach Aßling zurückbringt.

Wegstrecke: 12 km
Gehzeit: 3 Stunden
Topographische Karten: 8037, 8038

2. Auf den Höhen über der Attel

Gemeindezugehörigkeit: Aßling
Ausgangsort: Holzen

Zufahrt/Lage:

Aßling, eine der größeren Gemeinden des Landkreises, liegt an dessen südöstlichem Zipfel, und das Tal der Attel markiert hier in etwa die Landkreisgrenze. Zwischen der Muttergemeinde und dem Atteltal erhebt sich, von drei seiten durch die Niederungen von Moosach und Attel begrenzt, ein reizvolles Hügelland gleichsam als Vorposten zu den ausgedehnten Wäldern im Osten und Südosten. Ein paar Waldstücke schmiegen sich in die Höhen und Niederungen, die schwach ausgeprägt sind und von denen man einen weiten Blick ins Umland hat. Die Weiler bestehen aus stattlichen Bauerngehöften. Aber ebenso eindrucksvolle Bauerngüter sind, meist auf Hügeln, verstreut im Land zu finden. Gemächlich läßt sich hier wandern, und großartig ist der Ausblick über die Täler und die Waldhöhen.

Dort, wo die Attel die Moosach aufnimmt, nachdem sie von Aßling her einen Bogen aus der Süd- in die Ostrichtung geschlagen hat, liegt auf einer Anhöhe der Weiler Holzen und am höchsten Punkt die Kirche St. Laurentius, deren Chor bereits aus dem 15. Jahrhundert stammt. Beim Lohner heißt der Bauernhof gegenüber, der in der Mitte des 19. Jahrhunderts gebaut wurde.

Unter der Friedhofsmauer beginnen wir unsere Wanderung.

Verlauf der Wanderung: Über die Höhen nach Kronau

Zunächst halten wir uns von der kleinen katholischen Filialkirche aus nach Süden und gehen hinter dem Gehöft am Ortsende im Bogen ostwärts in eine Talmulde hinunter. Hier kommen wir unter den Überlandleitungen hindurch und überwinden einen Buckel. Auf der Höhe biegt der Weg nach links, nach Norden also, um dann rechts in ein weiteres Bachtal hinunter zu führen. Wir überqueren einen Graben und wandern danach im Rechtsbogen wieder von einer Höhe zum Waldrand hin. Hier am Waldeck, der Wald heißt Oberholz, wurden im quellreichen Gebiet einige Weiher gestaut, und das Gehöft dahinter hat den eigenartigen Namen Zimmerrain. Bei einer Wegzweigung vor den Weihern halten wir uns rechts, gehen zwischen zwei Weihern hindurch, passieren ein Waldstück und steuern danach über die sanft geschwungenen Höhen auf Kronau zu. Der Ort gehört bereits zur Nachbargemeinde Emmering. Er liegt ebenfalls auf einer Anhöhe, dominiert vom spitzen Turm der spätgotischen Kirche St. Peter und Paul.

Über dem Atteltal nach Norden

Vor Kronau kommen wir durch eine Mulde, zweigen bei der Weggabelung rechts ab und wandern ein Stück südwärts in den Hang hinein, um dann im Bogen in den Ort hinaufzustei-

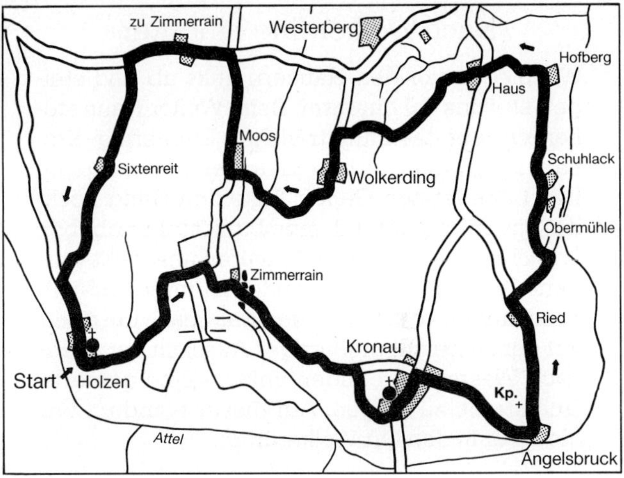

gen. Beim Wirtshaus Kronau erreichen wir die Dorfstraße, gehen links hoch, an der Kirche vorbei, und vor dem Ortsende rechts hinunter auf Angelsbruck zu. Wir sind jetzt im Tal der Attel, biegen im Weiler links hoch, vorbei an einer kleinen Wegkapelle aus der zweiten Hälfte des 19. Jahrhunderts, und bewegen uns das Teersträßchen nordwärts hinauf. Das ist ein hübscher Höhenweg über dem Tal der Attel. Weit reicht der Blick zu den Waldhügeln hinüber. Nach dem Gehöft Ried, ein kleiner Weiher liegt hier, schwenken wir rechts ab und wandern bei der nächsten Abzweigung links den Hang hoch. Von hier ist der Ausblick noch schöner. Wir kommen an den Gehöften von Schuhlack vorbei und steuern auf Hofberg zu, das ebenfalls auf einem Hügel über der Attel situiert ist.

Nach Wolkerding hinunter

Wir biegen vor den Häusern links ab und steigen steil ins Tal hinunter. Beim Weiler Haus stoßen wir auf das Fahrsträßchen Emmering–Kronau, überqueren es bei einem Feldkreuz und gehen beim letzten Gehöft links den Hang hoch. Bei einem Jägerstand, eine Bank steht nahebei, erreichen wir ein Waldeck, halten uns rechts am Rand, gehen in die Talmulde hinunter und jenseits hinauf, vorbei an einer Waldinsel, um dann auf der Höhe mit großartiger Aussicht vor allem nach Westen und Süden links in eine geteerte Querstraße zu biegen. Auf dieser wandern wir hinunter in den Ort Wolkerding.

Ins Moos

Im Ort zweigen wir im Linksbogen der Dorfstraße rechts hinunter zum Waldrand des Oberholzes. Hier am Eck biegen wir rechts in die Kreuzung und gehen auf den Weiler Moos zu. In Moos beschreibt das Fahrsträßchen einen rechten Winkel nach Norden, und an den Häusern von Moos vorbei erreichen wir den Rand eines Wäldchens. Das durchqueren wir geradeaus bis zur Fahrstraße Emmering–Aßling. Auf ihr wandern wir links, westwärts, durch den Weiler Zimmerrain. Beim Ortsschild Längholz, bei der Bushaltestelle, ein Bildstock steht hier, schwenken wir links ab, wieder auf den Wald zu, passieren auch dieses Waldstück, nun in südlicher Richtung, und erreichen danach den Weiler Sixtenreit. Wir unterqueren die Überlandleitungen, stoßen auf das Fahrsträßchen von Aßling her, gehen auf ihm oberhalb des Aßlinger Filzes und des Tals der Attel südwärts auf den Weiler Holzen zu und sind bald am Ausgangspunkt.

Wegstrecke: 14 km
Gehzeit: 3½ Stunden
Topographische Karte: 8038

3. Ins Tal der Moosach

Gemeindezugehörigkeit: Aßling

Ausgangsort: Lorenzenberg

Zufahrt/Lage:

Lorenzenberg liegt auf einer Anhöhe. Die Häuser scharen sich um die am höchsten Punkt stehende Filialkirche St. Laurentius. Der Bau ist romanisch und entstand im 12. Jahrhundert. Die Sakristei wurde barock angebaut. Neugotisch ist das Turmoberteil. Und das Ganze wurde hübsch renoviert. Nach Lorenzenberg kommt man, wenn man von Ebersberg über Grafing auf den westlichen Höhen über der Attel nach Süden fährt. Der Ort findet sich auf dem Höhenzug über dem Attel- und dem Moosachtal und erlaubt einen großartigen Ausblick weit über das Land und auf das Panorama der Alpenkette. Eindrucksvoll steht sie bei Föhn im Süden zum Greifen nah, wenn die Luft nach einem Regenschauer rein und klar ist. Es ist eine bezaubernde Landschaft, deren alte Siedlungen wegen ihrer abseitigen Lage ein von der »großen Geschichte« unberührtes Dasein geführt haben. Auf dem nahen Schloßberg hinter Dorfen wurden Reste einer frühmittelalterlichen Abschnittbefestigung gefunden. Die Bahnlinie München–Rosenheim zieht östlich der Ortschaft ihren Strang. Sonst gibt es hier keine Hauptverkehrswege. Für großstadtmüde Münchner ist das Gebiet zwischen dem Brucker und dem Aßlinger Moos ein Geheimtip.

Verlauf der Wanderung: Zum Moosachrain

Von der Kirche bewegen wir uns, am Gasthof Bauer vorbei, in westlicher Richtung auf der Eichhofener Straße aus dem Ort. Wir steuern über einen Buckel auf den Wald zu, gehen am Waldrand geradeaus über eine Vorfahrtsstraße, wandern die Schneise hinunter, bewundern das Alpenpanorama im Süden, durchqueren die Mulde des Schlierbachs und steigen nach Loitersdorf hinauf. Das ist ein hübscher kleiner, bäuerlicher Ort mit einer Wegkapelle aus dem 19. Jahrhundert. Der Bauernhof Haus Nr. 23 hat eine ländlich klassizistische Putzfassade. Er soll 1843 gebaut worden sein. Die spätromanische Filialkirche St. Andreas aus der Zeit um 1200 liegt etwas versteckt am Westrand des Ortes. Wir gehen also in den Ort hinein, biegen rechts in die Dorfstraße, zweigen vor Haus Nr. 16 links hoch und können vor dem letzten Haus am Ortsrand einen Abstecher nach rechts zur kleinen Kirche machen. Unser Weiterweg führt aber geradeaus zum Ortsrand. Von hier bietet sich eine geradezu phantastische Aussicht hinunter auf das weite Tal der Moosach, hinüber zu den Waldhügeln und vor allem nach Süden auf die Alpenkette. Man kann sich kaum satt sehen: so schön ist diese Landschaft, lieblich und klar gegliedert, vielgestaltig, weiträumig und übersichtlich.

Im Moosachtal

Über einen Koppelweg steigen wir hinunter, bis wir rechts, nach Norden, auf einem Hangweg über der Talniederung weiterwandern können. Dieser Feldweg stößt auf einen Querweg, dem wir nach links schräg den Hang hinunter folgen, auf die Waldstücke zu. Wir dürfen dabei nicht nochmals links abzweigen. Bei einer Weggabelung geht es erneut links weiter, nun in den Wald hinein, in ihm bergab und danach noch ein Stück hinunter zur steinernen Bachbrücke, die uns über die Moosach führt. Wir halten uns rechts und wandern am Flußufer in nördlicher Richtung weiter bis zur nächsten steinernen Brücke im schönen, weitgeschwungenen Tal der Moosach. Die Steinbrücke bringt uns wieder ans andere Ufer. Der Weg zieht an einer Feldscheune vorbei. Bald biegen wir rechts in einen Querweg ab, steuern links dann auf eine Waldinsel zu und gehen an dieser vorbei zum nächsten Waldstück hinauf.

Durch die beiden Ortsteile Eichhofen

Dieses Waldstück nimmt uns auf. Es geht bergauf und im Rechtsbogen wieder aus dem Wald. Danach halten wir uns rechts, kommen auf eine Waldinsel zu und wandern an dieser vorbei zur Fahrstraße, die uns nach links, in nordöstlicher Richtung, die stattlichen Gehöfte von Hamberg erreichen läßt. Den Ort verlassen wir nach rechts bis kurz vor die große Fahrstraße oben unter dem Waldhang und biegen rechts, südwärts, in die Untereichhofener Richtung ab. Na-

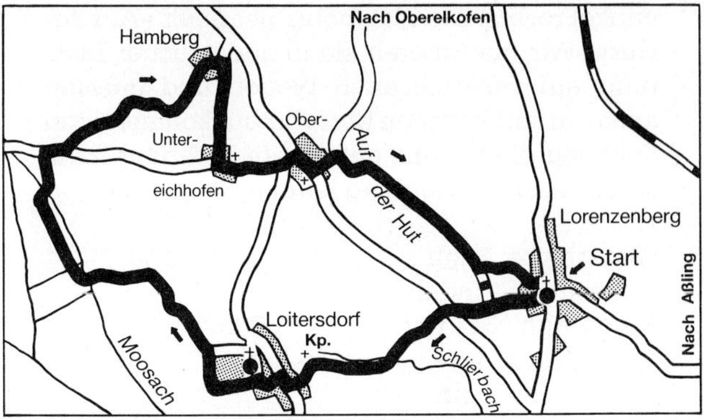

türlich beeindruckt während dieser Wegstrecke wieder das Alpenpanorama. Wir kommen in den kleinen Ort hinein, schwenken links in die Hauptstraße, vorbei an der kleinen Kapelle aus dem 18. Jahrhundert, und biegen erneut links ab, auf Obereichhofen zu.

»Auf der Hut« zurück

Nach wenigen hundert Metern ist Obereichhofen erreicht. Wir gehen in den Ort hinein, der eine ganze Reihe von alten Häusern aus dem 19. Jahrhundert besitzt. Die Kapelle wurde 1830 oder 1850 gebaut. Bei dieser Kapelle stoßen wir auf die Hauptstraße und biegen hier rechts ein, um dann links in Richtung Oberelkhofen abzuzweigen. Unser Weiterweg führt nach dem Ortsende von Obereichhofen, wo sich der Weg verzweigt, rechts weg. Danach biegen wir gleich links auf den Wald zu und halten uns im Waldwinkel rechts. Die Waldhöhe hier heißt »Auf der Hut«. Wir überqueren sie in südöstlicher Richtung auf verwachsenen Wegen und müssen auch am südöstlichen Ende herauskommen. Ein Feldweg nimmt uns auf, der in Richtung Fahrstraße vor Lorenzenberg leitet.

Wegstrecke: 8 km
Gehzeit: 2 Stunden
Topographische Karten: 7937, 8037

4. Zum Schloß auf dem Hirschbichl

Gemeindezugehörigkeit: Aßling

Ausgangsort: Steinkirchen

Zufahrt/Lage:

Die Ansiedlungen, Weiler und Einzelgehöfte der Landschaft um Aßling liegen in der Regel auf Anhöhen. Diese Höhen haben keine gewaltigen Dimensionen. Sie fügen sich ein in ein liebliches Auf und Ab und bieten trotzdem eine weite Übersicht. Abseits der großen Flußtäler von Attel und Moosach finden sich nur schmale Gräben in den Mulden. Und so verstreut wie die Siedlungen sind auch die Waldstücke, Waldinseln, Baumgruppen, Buschreihen. Es ist ein Land für beschauliche Wanderungen, für Menschen, die Übersicht haben wollen und geruhsam spazieren möchten – ein Land abseits der großen Verkehrswege und abseits geschichtlicher Bedeutung. Auch der kleine Ort Steinkirchen mit der Kirche St. Martin auf dem höchsten Punkt, erbaut um 1515, in der zweiten Hälfte des 17. Jahrhunderts barock ausgestaltet, liegt auf einer Anhöhe bescheidenen Ausmaßes. Die Gehöfte ringsum sind aus Quadersteinen gebaut. Eines stammt aus der ersten Hälfte des 18. Jahrhunderts. Manches ist renoviert oder neuen Bauten gewichen.
Unsere Wanderung führt über die sanften Höhen in die Gemeinde Emmering, wo es doch tatsächlich ein Schloß gibt, das Schloß am Hirsch-

bichl. Es steht auf einem künstlich aufgeschütteten Hügel, entstand im Spätmittelalter und ist trefflich renoviert. Die Muttergemeinde ist das nahe Emmering, wo sich die Kirche St. Pankratius befindet. Die Kirche ist Anfang des 15. Jahrhunderts entstanden, im Äußeren recht unscheinbar, aber im Innern mit Deckengemälden von Johann Baptist Zimmermann ausgestattet, die er wahrscheinlich 1745 nach der Barockisierung geschaffen hat. Auf dem Hochaltar befindet sich eine spätgotische Kreuzigungsgruppe.

Verlauf der Wanderung: Nach Heimgarten hinunter

Vom Steinkirchener Gasthof an der Höhenstraße gehen wir nordwärts in Richtung Gersdorf auf den Wald zu und im Wald, an der Abzweigung nach Eschenlohe vorbei, zum Ortsbeginn von Gersdorf. Hier biegen wir gleich im spitzen Winkel rechts ab in Richtung Emmering. Langgezogen führt in weiten Kehren mäßig steil die Straße über mehrere Landstufen hinunter in Richtung Atteltal. Verstreut liegen Waldstücke und auf Hügeln Einzelgehöfte. Von der Landstufe des Weilers Heimgarten, hier befindet sich ein Reiterhof, sehen wir bereits das Schloß auf dem Hirschbichl, den Ort Emmering mit dem spitzen Kirchturm und weiter hinaus ins Tal der Attel. Auf dem Weiterweg kommen wir über eine Bachbrücke und zu einem Waldeck. Der Weg biegt hier nach links, nach Osten.

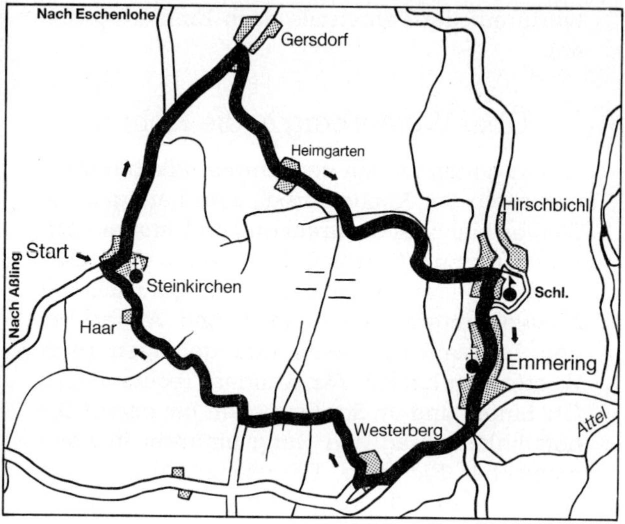

Am Schloß vorbei

Nach einem Gehöft wandern wir in eine weitere Talmulde und über eine weitere Bachbrücke und erreichen über einen Höhenzug und durch eine Mulde den Ortsteil Hirschbichl der Gemeinde Emmering. Hier schwenken wir rechts in die Fahrstraße, vorbei am Gasthof Frank, und können links über den Schloßweg einen Abstecher zum Schloß machen. Ein weiterer Abstecher zum Schloß hin bietet sich hinter dem Ortsteil südwärts in der Emmeringer Richtung auf einem Feldweg an. Gar stattlich sieht der dreigeschossige Satteldachbau in seinen frischen Farben aus. Unser Weiterweg aber führt südwärts auf der Fahrstraße nach Emmering hinein.

Über Westerberg in die Höhen

Im Ort gehen wir auf der Hauptstraße hinunter, unterhalb der Kirche vorbei, zum Landgasthof Bichler, hier über die Kreuzung und, immer noch südwärts, zum Ortsrand. Nun biegen wir rechts in die Aßlinger Straße und halten uns nach den Abzweigungen nach Einholz und Anger, bei den Leitplanken, rechts und gelangen nach Westerberg hinauf. Wir wandern rechts in den Ort hinein und im Straßenbogen bei einem Gehöft links schräg den Hang hinunter in nordwestlicher Richtung. Wir steuern dabei eine Waldinsel an. Der Weg biegt aber davor links, westwärts, hinunter ins Tal, wo er bei einem Graben endet. Wir müssen versuchen, über Feldraine an dem Gehöft oben am Hang vorbeizukommen. Hier stoßen wir auf der Höhe in ein Quersträßchen, dem wir etwas nach rechts folgen, um dann links zum Wald hinunterzuschwenken.

Über Haar zurück

Der Weg durchquert das Waldstück in nördlicher Richtung. Kurz vor Ende des Waldes verzweigt er sich. Wir gehen links steil hinunter und aus dem Wald hinaus. Am Waldrand halten wir uns erneut links, bis wir im Rechtsbogen in die Felder stoßen, durch die Mulde spazieren und den Hang hinaufwandern. Der Weg führt am Gehöft Haar vorbei und zurück nach Steinkirchen, wo sich die Gebäude um die stattliche Kirche auf dem Hügel scharen.

Wegstrecke: 12 km
Gehzeit: 3 Stunden
Topographische Karten: 7938, 8038

5. Über den Georgenberg

Gemeindezugehörigkeit: Baiern

Ausgangsort: Berganger

Zufahrt/Lage:

Das Gemeindegebiet von Baiern, einer Streugemeinde im südöstlichen Zipfel des Landkreises, ist weiträumig von den Niederungen der Braunau und dem Tal der Glonn eingefaßt. Über diesen beiden Tälern bauen sich Waldstreifen auf, und dazwischen liegt die mehr oder weniger stark gegliederte Hochebene. Diese Lage bietet dem Wanderer weite Ausblicke in die Waldhöhen ringsum und bei klarem Wetter eine großartige Sicht auf die Alpen.

In Berganger beeindruckt die Kirche Mariä Geburt, die schon 1489 gebaut wurde. Der Turmoberbau mit der langgezogenen Spitze entstand allerdings erst 1891; 1911 wurde das Gotteshaus erweitert. Am Ortsrand steht ein nachgotischer Bau, die sogenannte Schwedenkapelle, aus dem Jahr 1635 datiert. An der Straße, die an der Kirche vorbei durch den Ort führt und Braunautal heißt, findet sich bei Haus Nr. 12 am Giebel eine Uhr, die 1591 von Herzog Wilhelm V. anläßlich einer Pilgerfahrt nach Tuntenhausen gestiftet wurde. Haus Nr. 20 ist ein ansehnlicher Bauernhof mit Bundwerk am Wirtschaftsteil aus der Mitte des 19. Jahrhunderts.

Verlauf der Wanderung: An der Schwedenkapelle vorbei

Unser Start ist der Gasthof Berganger, wo auch der Maibaum steht. Wir gehen ortseinwärts zur Kirche auf der Straße, die Braunautal heißt, und biegen gleich rechts in den Kapellenweg, der uns aus dem Ort hinausführt zur Schwedenkapelle in einer Hangmulde mitten in den Feldern. Vom Fahrsträßchen wechseln wir hinüber zur Kapelle und wandern dann rechts den Feldweg hoch, der sich in den Wiesen verliert. Wir bewegen uns entweder direkt auf das Gehöft Witting zu oder wir schwenken links zum Wald hinüber, von dem aus ein Feldsträßchen hinaufzieht. Beim Witting gehen wir durch das Gehöft auf die Fahrstraße und auf ihr links, südwärts, weiter bis zum Waldrand.

Zum Haarberg

Am Waldeck biegen wir rechts nach Weiterskirchen hinein, wo die hübsche Renaissancekirche St. Maria steht, die 1642 gebaut wurde. An der Kirche vorbei verlassen wir den Weiler, um dann im Straßenbogen – die Straße führt nach Westerndorf hinein – links abzuzweigen. Es geht also im rechten Winkel zunächst in eine Talmulde hinunter, jenseits hinauf, im Wegbogen im rechten Winkel links weg, aufwärts noch und im Rechtsbogen zum Waldrand hin. Wir sind am Haarberg, wandern auf einem Hohlweg in den Wald hinunter und biegen nach dem Waldstreifen rechts in den Forstweg, der in einer Hangstufe nordwestwärts verläuft.

Über Haslach hinaus

Wir benutzen den unteren Weg, halten uns bei einer Wegverzweigung rechts, bleiben also am Hang und gehen dann geradeaus über eine Wegkreuzung. Nach der Wildfütterung müssen wir uns entscheiden: links führt ein kurzer verwachsener Weg zur Talstraße hinunter und in etwa geradeaus, ein Stück noch den Hang hoch, ein ebenso verwachsener Weg in der Hangmulde in der bisherigen Richtung. Dieser Weg reduziert sich zu einem Pfad, und wir erreichen durch Holunderbuschwerk das Waldende. Beide Wege führen nach Haslach. Vor uns liegt am Hang eine eigenartige Kapelle, die keine Eingangstür hat, sondern nur einen Einstieg. Rechts geht es den Hang hinauf und dann auf das Kirchlein St. Koloman zu, einen spätgotischen Bau, hübsch am Ortsrand gelegen und um 1500 entstanden. Von hier führen uns Stufen in den Ort hinunter. Ein paar Schritte bewegen wir uns rechts weiter, um dann links in die Bergstraße abzuzweigen, die in steilem Bogen mit 12 Prozent Gefälle in den Talgrund hinunterzieht.

Zum Georgenberg

Drunten wandern wir über die Bachbrücke, verlassen nach rechts den Ort, steigen hinauf zwischen die Waldstücke, kommen oben zum Waldrand und gehen daran entlang. Die weit ausladenden Äste der Laubbäume bilden ein Dach. Nach dem Waldende bewegen wir uns rechts hinunter in einen Waldwinkel. Und hier wird es etwas schwierig! Wir sind in einem von zahlrei-

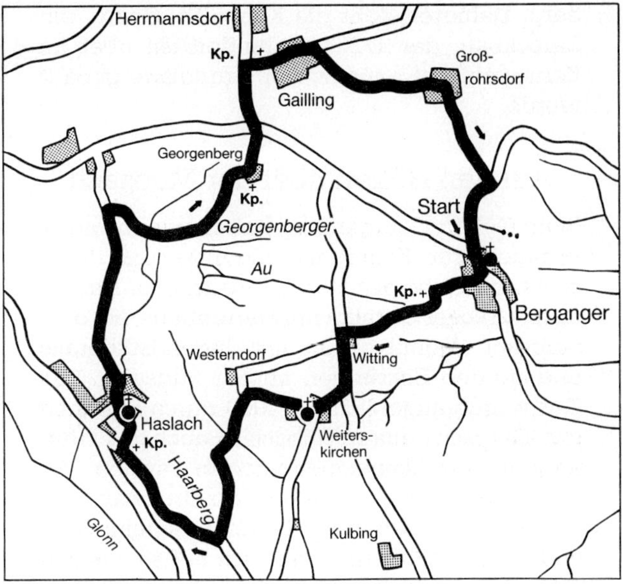

chen Bächen durchzogenen Waldstück, das Georgenberger Au heißt. Vom Waldwinkel aus müssen wir gleich einen schmalen Bach überqueren und uns in östlicher Richtung Wegspuren suchen auf einer völlig verwachsenen Route. Bald aber ist ein breiter Forstweg erreicht, auf dem wir rechts, also ein Stück nach Osten, gehen, um dann beim Wanderparkplatz links abzuzweigen. Wir verlassen den Wald und haben vor uns den spitzen Waldhügel des Georgenberges, dem eine verfallene Sandgrube tiefe Wunden geschlagen hat. Wir wandern an diesem Waldhügel vorbei zum Gehöft Georgenberg. Dahinter steht die Kirche St. Georg, ein Barockbau, der 1723 entstanden ist, aber im Kern wohl auf romanischer Grundlage gebaut wurde.

Auf den Höhen über der Moosach

Beim Gehöft Georgenberg halten wir uns links, kommen zur Fahrstraße hinunter und überschreiten diese auf Herrmannsdorf zu. Das ist ein stattlicher Gutshof mit Herrenhaus, ein neubarocker Walmdachbau mit Jugendstildetails und runden Ecktürmen an der Südseite. Das Gut wurde angeblich um 1900 durch Friedrich von Thiersch gebaut. Hübsch ist auch das Pförtnerhaus, ein kleiner neubarocker Pavillon. Vor diesem Gut biegen wir rechts zur Ortschaft Gailling, durchqueren diese, halten uns beim Ortsendeschild rechts und wandern auf ein einzeln stehendes Gehöft zu, um dann links auf dem Feldweg in südöstlicher Richtung weiter zu gehen. Der Weg schwenkt nach Osten, und bald ist Großrohrsdorf erreicht. Schön ist dieser Höhenweg über dem weiten Tal der Moosach und großartig der Blick auf die Alpen. Der kleine Ort Großrohrsdorf liegt am Hang über der Moosachniederung. An der Kapelle vorbei wandern wir zum Ort hinunter. Hübsch anzusehen sind die Bauernhöfe Haus Nr. 12 und Haus Nr. 13, letzterer entstand um 1800. Südwärts verlassen wir den Ort in eine Talmulde hinunter und kommen über die Hügel zur Vorfahrtsstraße, die wir überqueren. Nach wenigen hundert Metern ist unser Ausgangspunkt in Berganger erreicht.

Wegstrecke: 12 km
Gehzeit: 3 Stunden
Topographische Karte: 8037

6. Zum Frauenbründl

Gemeindezugehörigkeit: Baiern
Ausgangsort: Weidach

Zufahrt/Lage:

Die Gemeinde Baiern ist kein Ort im herkömmlichen Sinne, sondern eine Ansammlung von kleineren Orten, Weilern und einzelnen Gehöften im südlichsten Zipfel des Landkreises Ebersberg. Über dem weiten Glonntal, das von der Ortschaft Glonn in südöstlicher Richtung verläuft, erheben sich wie eine Hochebene, aber stärker gegliedert, Waldhügel und bilden eine ungemein reizvolle und vielgestaltige Landschaft. Der einzige Ort, der zum Gemeindenamen einen Bezug hat, ist Jakobsbaiern. Das sind ein paar Häuser am Rande eines Waldstücks hoch über dem Glonntal und dem Baierner Moos. Düster ragt am Waldrand der Turm der ehemaligen katholischen Filialkirche St. Jakobus auf, ein romanischer Bau, der 1822 aufgestockt wurde. Reste romanischer Langhausmauern sind auch heute noch zu finden. Das Ganze wird als Schuppen und Lagerraum genutzt. Der weiträumige mauerbewehrte Friedhof ringsum ist aufgelassen.
Das Ziel unserer Wanderung ist eine Wallfahrtskapelle, die um 1712 gebaut und 1857 erneuert wurde, aus deren Stirnseite ein Quellwasser rinnt. Daneben hängt eine Schöpfkelle an einer Kette. Im Kapelleninnern finden sich zahlreiche Votivtafeln. Jenseits des kleinen Baches steht in der moosigen Talniederung das ehemalige Mes-

nerhaus, ein kubusförmiger Tuffquaderbau aus dem 18. Jahrhundert.
Wer von Glonn in die Gemeinde Baiern anreist, kommt am Piusheim vorbei, einer Erziehungsanstalt. Die Gebäude sind 1912/13 entstanden und haben barockisierende Formen.
Bei unserer Wanderung finden wir in den Weilern zahlreiche stattliche alte Bauten. In Antholing lohnt sich ein Abstecher zur neubarocken, katholischen Expositorkirche, die 1910 von Johann Schott gebaut wurde und 1911 ihre Weihe erhielt. In Kulbing, das wir auf unserem Weg streifen, steht ein ansehnlicher Bauernhof aus der Mitte des 18. Jahrhunderts. In Netterndorf, das wir durchqueren, stehen in der Lindenstraße nebeneinander zwei hübsche Gehöfte mit bemaltem Bundwerk. Auch in Weiher finden sich zwei schöne Kleinbauernhöfe, der eine aus Tuffquadern, 1847 gebaut, der andere aus der Mitte des 17. Jahrhunderts. In Kleinesterndorf bewundern wir am Haus Nr. 10 die Bundwerkteile aus der Mitte des 19. Jahrhunderts und in Hochreit die Kapelle aus dem 17./18. Jahrhundert. Bei Jakobsbaiern ist eine frühmittelalterliche Abschnittsbefestigung nachgewiesen – ein günstiger Platz hoch über dem Tal mit einer weiten Sicht auch über die Höhen jenseits des Tales.

Verlauf der Wanderung: Zum Stroblberg

Wir starten bei dem hübsch renovierten und bemalten Haus in der Alpenstraße an der Straßenkreuzung unten in Weidach und marschieren hinauf nach Jakobsbaiern. Großartig ist die Aussicht von hier über die Niederungen und Höhen und in die Tiefe des Tales. Nach der Kirchenruine von Jakobsbaiern biegen wir vor dem Ortsendeschild rechts in den Feldweg, wandern hinauf zu den beiden riesigen Linden, die ein Feldkreuz flankieren, steigen wieder hinunter in die Mulde, halten uns links bis zum Waldrand und gehen hier rechts hoch zum Gehöft am Stroblberg.

Das Frauenbründl

Vor dem Gehöfteingang biegen wir rechts hinunter, um dann gleich links dem Koppelweg zu folgen, der uns zu einem Waldstreifen führt, wo wir am Rand weglos weiterwandern, uns am Spitz links zum Weg bewegen, der aus dem Wald heraufkommt, und auf diesem rechts gehen, bis wir links in die Feldstraße schwenken können, die uns erneut zum Waldrand bringt, der einen Rain zum quellreichen Tal eines Zuflusses in die Glonn bildet. Das Feldsträßchen hat einen Namen: Alfons-Reiser-Straße. Es führt im Wald schräg bergab. Im Straßenbogen biegen wir vom Teerweg ab, gehen am Hang, immer noch schräg, weiter hinunter bis zum Waldrand über der Talmulde. Hier halten wir uns innerhalb des Waldes rechts und erreichen nach wenigen Schritten die Kapelle am Frauenbründl mit der Jahreszahl 1635. Nachdem der heutige Bau später datiert ist, dürfte an dieser Stelle um diese Zeit ein Vorgängerbau entstanden sein, vielleicht eine Pestkapelle, denn in diesem Jahr wütete die Pest in den bayerischen Landen.

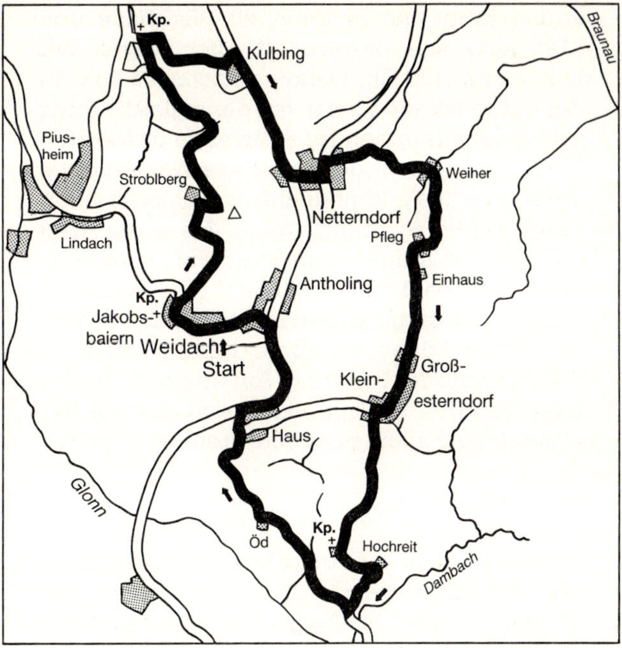

Nach Weiher unter dem Weiherholz

Von der Kapelle steigen wir auf einem undeutlichen Pfad sehr steil den Waldhang nach Osten hoch. Oben halten wir uns am Feldrand rechts, bis der Weg vom Wald wegbiegt auf Kulbing zu. Wir stoßen auf die Ortszufahrt, gehen links zum Fahrsträßchen und auf diesem rechts, südwärts, weiter, vorbei am Gemeindehaus von Baiern und am Gebäude der Raiffeisengenossenschaft aus der Ortschaft hinaus. Die Fahrstraße führt uns hinunter zu Wirtshaus und Metzgerei von Netterndorf. Hier biegen wir links in den Ort ab, wandern nochmals links in der Lindenstraße weiter, um dann gleich rechts abzuzweigen in den für Fahrzeuge gesperrten Weg, auf dem wir den Rand des Weiherholzes ansteuern. In Waldrandnähe marschieren wir in der gleichen Richtung weiter, bis unser Weg beim Weiler Weiher im rechten Winkel nach Süden führt. Bald treffen wir auf eine Wegkreuzung am Waldeck, gehen rechts durch den Weiler Pfleg und dann, vorbei am Gehöft Einhaus, in die Esterndorfer Richtung. Auf und ab führt der Weg. Von den Buckeln bietet sich eine schöne Aussicht, vor allem nach Südosten.

Nach Hochreit im Weidholz

Durch den kleinen Ort Großesterndorf kommen wir nach Kleinesterndorf hinunter, biegen beim Maibaum rechts ab, halten uns vor dem Ortsendeschild links und wandern zum Waldrand hinunter. Ein Stück bleiben wir am Rand der Wiesenbucht, um dann im Rechtsbogen in den Wald hineinzuspazieren und ihn bergab zu durchqueren. Draußen passieren wir die Kapelle von Hochreit, gehen durch das Gehöft und ein Stück am Hang ostwärts, bis unser schmales Feldsträßchen rechts steil in den Talboden hinunterbiegt. Der Dambach fließt hier der Glonn zu.

Über Öd zurück

Nochmals biegen wir rechts ab, nun in nordwestlicher Richtung, auf eine Waldinsel zu, gehen an dieser vorbei, wieder einen Hügel hinauf und zum Weiler Öd. Beim Haus mit dem Sinnspruch am Giebel schwenken wir rechts in den Koppelweg am Hang, wandern zwischen zwei Waldstücken hindurch, halten uns jetzt auf sehr undeutlichen Wegspuren vor zwei Bäumen mit einem Hochstand rechts, zum Waldeck hinauf, gehen dann links an der Koppel entlang bis zu einer Feldscheune und hier rechts zur Straße. Nach dem Weiler Haus kommen wir zum Ortsbeginn von Antholing, wo wir links über die Alpenstraße wieder zum Ausgangspunkt gelangen.

Wegstrecke: 10 km
Gehzeit: 2½ Stunden
Topographische Karte: 8037

7. Im Brucker Moos

Gemeindezugehörigkeit: Bruck

Ausgangsort: Alxing

Zufahrt/Lage:

Die Gemeinde Bruck liegt circa 8 km südwestlich von Ebersberg im breiten Tal der Moosach. Dieser kleine Fluß entspringt in der Gemeinde Moosach, nur wenige Kilometer nordwestlich von Bruck und mündet, nachdem er bei Bruck einen weiträumigen Talboden durchflossen hat, südwestlich in die Attel. Bis 1924 waren die Niederungen im Gemeindebereich von Bruck, das Brucker Moos, sumpfig. Dann legte man die Tallandschaft trocken und stellte zur Erinnerung daran bei der Brücke an der Straße von Grafing nach Bruck eine steinerne Statue des hl. Nepomuk auf.

Im Südwesten und Nordosten von Bruck steigen die Hügel sanft zu bewaldeten Kuppen an. Auf dem aussichtsreichsten Punkt im Nordosten steht die Kirche St. Michael von Alxing, die einen spätgotischen Chor und Turmunterbau hat und 1858 in der heutigen Form entstand. Jenseits auf den Hügeln in Wildenholzen kündet an der Schloßstraße ein Brunnenhäuschen, eine offene kapellenartige Anlage mit Wandbrunnen, von einer 1816 abgebrochenen Burg Pienzenau. Hier lebten die Herren von Pienzenau auf Wildenholzen, ein Zweig der Pienzenauer, und der letzte der Burgherren, Georg, er starb 1550, begründete eine Stiftung zum Nutzen der Grundholden und ihrer Nachkom-

men. In diesem Bereich ist übrigens ein Burgstall nachgewiesen ebenso wie jenseits des Tales bei Schammach, beide an aussichtsreicher Stelle, so wie es das Sicherheitsbedürfnis der Menschen früherer Jahrhunderte verlangte.
Die ehemalige Schloßkapelle der Burg Pienzenau steht übrigens noch. Sie ist im Kern spätmittelalterlich und wurde um 1760 als Filialkirche St. Andreas ausgebaut. Das ehemalige Fischerhaus in der Schloßstraße 6 ist um 1825 entstanden.
Die Landschaft im Gemeindebereich Bruck ist großräumig und übersichtlich. Das Land ist Bauernland. Die Kirche von Bruck ist St. Peter und Paul geweiht und 1734 als Barockbau auf spätgotischer Unterlage entstanden. Westlich des Ortes steht ein Tuffpfeiler mit einer Laterne aus dem Jahre 1739. Im Ort gibt es noch einige alte Gebäude, darunter die ehemalige Mühle, die Mahlmühle, im Kern aus dem 17. Jahrhundert.
Auch Alxing, der Ausgangsort unserer Wanderung, weist stattliche Gehöfte auf, darunter den Gasthof und Bauernhof in der Dorfstraße 5 aus der Zeit um 1850/60.

Verlauf der Wanderung: Über Bruck hinaus

Von der Kirche St. Michael in Alxing, die eine großartige Aussicht bietet, gehen wir südwestlich auf dem Feldweg den Hang hinunter. Im Bogen stoßen wir steil auf die Fahrstraße nach Bruck und folgen ihr ein Stück, bis bei einer Holzscheune drei Wege nach links abzweigen. Wir nehmen den Weg, der am weitesten rechts liegt, und wandern ebenfalls in südwestlicher Richtung auf die Sportplätze zu. Über eine Grabenbrücke erreichen wir einen Teerweg, steuern auf diesem den Ortsrand von Bruck an, gehen hier über die Moosachbrücke mit dem heiligen Nepomuk und kommen am Gasthof Bruck vorbei und am Haus Koller aus dem Jahre 1847, das gegenüber der Kirche steht. An der Kirche vorbei verlassen wir den Ort, bis wir vor der Fahrstraße, die Grafing mit Glonn verbindet, südwestwärts in Richtung Wildenholzen auf den Hang zu weitergehen. Bei der Steinsäule unter dem Nebelberg, bei der Straßenabzweigung vor der Brücke, halten wir uns rechts am Graben entlang und kommen zu einem Waldstück.

Nach Eichtling

Nach dem Waldstück biegen wir im Talgrund bei den Häusern links ab, am Weiher vorbei, in die Schloßstraße, steigen aufwärts durch den Ort Wildenholzen, kommen am Brunnenhäuschen vorbei, wandern unterhalb der ehemaligen Burgkapelle hoch und neben einer tiefer werdenden Grabenschlucht entlang, vorbei am Gasthof-Café Baue, das einen Biergarten hat, zum Waldrand hinauf. Nach einer tiefen Schlucht, ein Gehöft steht gegenüber, erreichen wir das Ende eines Waldstücks. Hier macht die Straße einen Bogen nach rechts. Wir gehen geradeaus in südöstlicher Richtung weiter, an einem weiteren Gehöft vorbei und auf dem Teerweg am Graben entlang, bis wir auf der Höhe einem Waldstück zusteuern. Ein weiteres Gehöft steht

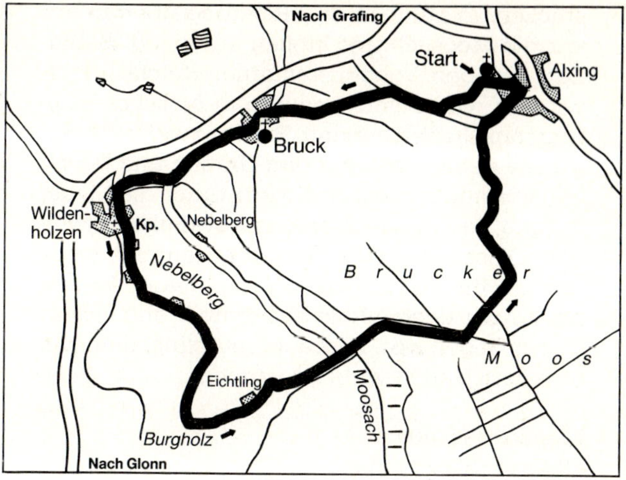

hier. Nach dem Waldrand überqueren wir die Wiesen zum nächsten Waldstück und bewegen uns erneut am Rand entlang. Dann biegen wir links ins Burgholz hinein, überwinden den Waldhügel, halten uns bei einer Abzweigung links und kommen zum jenseitigen Waldrand. Hier spazieren wir auf einer Teerstraße weiter, die nach rechts und bergab führt. Wir erreichen den Weiler Eichtling und passieren ihn.

Ins Moos

Steil geht es nun auf diesem Panoramahangweg hinunter. Nach einer Kehre sind wir im Tal, kommen an einer Hütte vorbei auf einen idyllischen Weg, der eine weiträumige Sicht bietet, und gelangen ins Moos mit vereinzelten Waldstücken. In nordöstlicher Richtung überqueren wir die Moosach und stoßen auf einen Verbindungsgraben. Vor der steinernen Brücke halten wir uns rechts und wandern in östlicher Richtung am Graben entlang. Bei der zweiten Steinbrücke gehen wir über den Graben und bewegen uns nun in etwa nordwärts durch die Niederungen, bis wir bei einer Holzhütte links abzweigen. Dieser Weg führt uns zum Hangfuß, biegt nach rechts und zieht den Hang hinauf. Vor uns haben wir das weithin sichtbare Wahrzeichen dieser Gegend, St. Michael von Alxing, dem wir, an einem Gehöft vorbei, zusteuern.

Wegstrecke: 10 km
Gehzeit: 2½ Stunden
Topographische Karte: 7937

8. Vom Bad zur Kirche von Haselbach

Gemeindezugehörigkeit: Ebersberg
Ausgangspunkt: Bad Gspreit

Zufahrt/Lage:

Mitten durch die Kreisstadt Ebersberg führt die Bundesstraße 304. Sie verzweigt sich, nachdem sie den Marktplatz passiert hat, gegen das südöstliche Ortsende zu. Die Abzweigung, die durch die Bahnunterführung leitet, ist die Verbindungsstraße nach Grafing. Ein Stück außerhalb von Ebersberg macht diese Straße kurz vor Wiesham einen rechtwinkligen Bogen. Wer hier abzweigt, kommt zu einem Weiher, einer Badeanstalt und einer Wirtschaft. Das ist Bad Gspreit. Es liegt in einer Talmulde, die kanalartige Zuflüsse hat. Einer leitet zum Wieshamer Bach und dieser zur Attel. Im Norden erhebt sich eine Hügelgruppe, die nördlich in der Talmulde ausläuft, in der Ebersberg eingebettet liegt, begrenzt nach Norden von der Ebrach mit ihren seenartigen Erweiterungen. Danach steigt ein 619 m hoher Hügel auf, ein Endmoränenrücken, der eine Art Wasserscheide zwischen den zum Inn strömenden Gewässern und dem unter der Schotterebene nach Norden fließenden Grundwasserstrom darstellt.
Ebersberg, ein Klosterort, hat eine wechselvolle Geschichte. Im 10. Jahrhundert wurde es durch die Grafen von Sempt-Ebersberg für Augustinerchorherren gegründet. 1013 sind Benedikti-

ner in die Klostersiedlung gezogen, die dann 1596 den Jesuiten überlassen wurde, welche bis zur Ordensaufhebung hier blieben. 1781 bis 1799 gehörte das Kloster dem Malteserorden. Die ehemalige Klosterkirche, sie ist heute Pfarrkirche, ist dem heiligen Sebastian geweiht und ihre Reliquie, die Hirnschale des heiligen Sebastian, war im Mittelalter ein beliebtes Wallfahrtsziel.

Verlauf der Wanderung: Über den Vögelberg nach Ebersberg hinein

Wir folgen der Einfahrt zum Wirtshaus und gehen aber gleich links den Teerweg hoch, der nach den ersten Häusern als Fußweg weiter verläuft. Wir kommen an einem Feldkreuz mit einer Bank daneben unter riesigen Bäumen vorbei und wandern immer bergan, bis wir droben auf dem Vögelberg von einer Bank die Aussicht in das weite Land genießen können. Auch das Alpenpanorama bietet sich hier dem Blick. Über eine Allee geht es nun bergab, vorbei am Friedhof, durch die Bahnunterführung zur Bundesstraße 304. Wir wechseln auf die andere Straßenseite und kommen am Amtsgericht von Ebersberg vorbei, einem stattlichen Bau aus dem dritten Viertel des 19. Jahrhunderts. Hier findet sich auch das ehemalige Forsthaus, eine spätklassizistische Anlage, die 1835 bis 1837 entstand. Die Sebastianskirche lassen wir rechts liegen, gehen zum Marienplatz und biegen beim Gaß-Metzger rechts ab zur Weinlei-

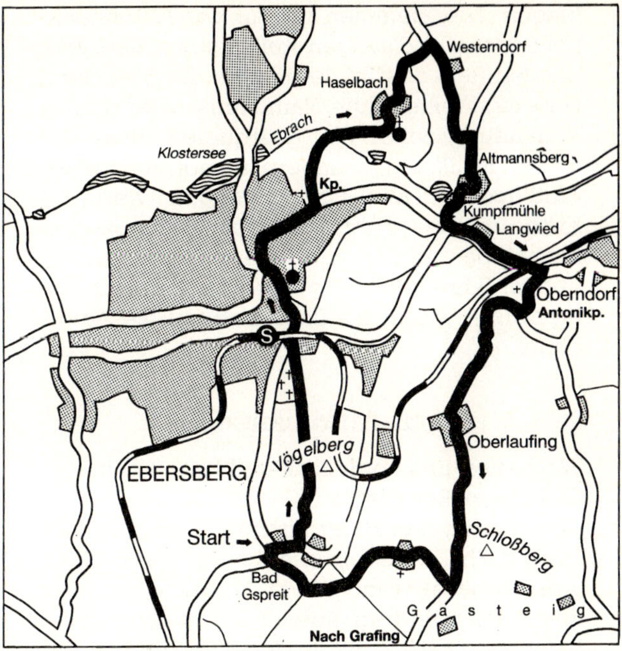

ten. Das Rathaus am Marienplatz ist übrigens die ehemalige Klostertaverne. Sie stammt im Kern aus der Mitte des 15. Jahrhunderts.

Nach Haselbach hinauf

Beim Schild »Weinleiten« schwenken wir nordwärts in die Ignaz-Perner-Straße und von da zweigen wir nach rechts in die Abt-Häfele-Straße ab, der wir in östlicher Richtung folgen, bis wir beim Schild »Haselbach« nach links abbiegen. Hier kommen wir an der Antoniuskapelle vorbei und steigen steil hinunter über eine Landstufe in das Tal der Ebrach. Rechter Hand liegt ein Weiher ohne Namen mit einer großen Verlandungszone. Wir überqueren diese auf einem Schilfsteg, wandern rechts zum Waldrand hoch und an diesem entlang, aufwärts zur Kirche von Haselbach. Das ist ein kleiner spätgotischer Bau, der heiligen Margaretha geweiht und im Jahre 1498 entstanden. Großartig ist von hier die Aussicht ins Land und auf die Alpengipfel.

Zur Antonikapelle

Wir halten uns nordwärts und kommen in den Ort hinein. Beim letzten Gehöft führt rechts ein Weg schräg den Hang hinunter in das Tal des Haselbachs. Eine Brücke bietet einen Übergang. Jenseits wandern wir den Hang hinauf zu einem Feldkreuz an einem Fahrsträßchen. Hier biegen wir rechts ab, an den Häusern von Westerndorf vorbei, nach Süden. Die Straße senkt sich und mündet in eine Fahrstraße. Noch steiler geht es hinunter, an Altmannsberg vorbei, vorbei auch an der Kumpfmühle, einem großen Sägewerk an einem Weiher, zur Bundesstraße 304. Diese überqueren wir links versetzt, passieren die Kläranlage von Langwied, kommen über die Bahnlinie, vor uns liegt Oberndorf, und biegen gleich nach den Gleisen rechts weg zum Waldrand hin. Hier wird es etwas kompliziert! Der Waldrandweg führt uns an der Antonikapelle vorbei, die aber im Wald versteckt auf einer kleinen Lichtung liegt. Wir bleiben möglichst innerhalb am Rand des Waldes, kommen wieder den Schienen nahe und steigen dann am Waldrand hoch bis zum südlichen Ende des Waldstücks. Hier nimmt uns ein Feldweg auf.

Über den Schloßberg zurück

Steil bergauf erreichen wir den kleinen Ort Oberlaufing. Wir gehen geradeaus hindurch, über die Kreuzung südwärts in Richtung Grafing und zwar auf eine Anhöhe mit einer Baumgruppe zu und zum Wald am Schloßberg. Hier oben vom Waldrand bietet sich erneut eine weite Sicht vor allem nach Norden, zurück also auf den zuletzt zurückgelegten Weg. Der geteerte Weg führt uns nun in den Wald und immer steiler bergab. Vor den Häusern von Gasteig verlassen wir den Baumbereich, gehen am Rande rechts weiter, nordwestwärts, bis wir hinüberwechseln zu einem einzeln stehenden Gehöft mit einer kleinen Kapelle. An diesem vorbei überqueren wir einen Graben in westlicher Richtung. Der Weg macht noch einmal einen Bogen nach Süden, um dann westwärts weiter zu verlaufen und auf ein Fahrsträßchen zu stoßen. Auf diesem geht es rechts zurück nach Bad Gspreit.

Wegstrecke: 10 km
Gehzeit: 2½ Stunden
Topographische Karte: 7937

9. An den Seen und zur Ludwigshöhe

Gemeindezugehörigkeit: Ebersberg
Ausgangsort: Hintereggelburg

Zufahrt/Lage:

Die Stadt Ebersberg liegt am Schnittpunkt der Bundesstraße 304 München–Freilassing und der Staatsstraße 2080 Freising–Rosenheim am auslaufenden Hang eines Endmoränenrückens, dessen höchster Punkt die Ludwigshöhe nördlich der Stadt ist. In einer Talmulde südlich der bewaldeten Höhen des Ebersberger Forstes liegt lang hingestreckt zwischen Wald und Stadt der Eggelburger See. Die Ebrach hat hier ihren Ursprung. Sie durchfließt in östlicher Richtung eine Reihe von Weihern, so den Seeweberweiher, den Langweiher, den Klostersee und bildet eine Grenze zum Bebauungsgebiet der Stadt.
Der Ursprung dieser Stadt wird auf eine Sage zurückgeführt: Graf Sighart von Sempt soll in den Forsten hier versucht haben, einen Eber zu erlegen. Über der Höhle dieses Ebers soll sich eine heidnische Kultstätte befunden haben, und an dieser Stelle hat der Graf dann um 870 eine Marienkapelle und eine hölzerne Burg bauen lassen. Sein Sohn stiftete bei der Kirche ein kleines Hauskloster und besetzte es mit Augustinern. Dessen Sohn wieder erweiterte die Burg und baute eine Sebastianskirche, die eine Hirnschale des Heiligen als Reliquie besaß. Das war

Anlaß zu einer der bedeutendsten deutschen Wallfahrten. 1013 wurde das Kloster dann den Benediktinern übergeben. Einer der Äbte, Abt Wiliram, legte 1050 die Ebersberger Chronik an. 1446 wurde hier von Abt Eckhart die Sebastiansbruderschaft gegründet. 1595 wurde das Kloster den Jesuiten übergeben. 1668 dichtete der Jesuitenpater Jacob Balde neulateinische Oden über die Schönheit der Gegend, besonders am Eggelburger See. Der Jesuitenorden wurde aufgehoben. Ein Großbrand vernichtete die Burg und die Sebastianskirche. Die Malteser übernahmen die Klostergebäude. Und der Jesuitenbruder Benno Scharl, den die Malteser mitgebracht hatten, gilt als Begründer des neuzeitlichen Brauereiwesens, da er erstmals statt der wilden Hefe beim Bierbrauen Kulturhefe verwendete. 1808 wurde der Malteserorden säkularisiert und das Klostergut an Privatleute verkauft. Neuen Aufschwung gab es für den Ort durch den Anschluß an die Lokalbahn von Grafing im Jahre 1896.

Verlauf der Wanderung: Um den Eggelburger See

Wir starten unsere Wanderung von Hintereggelburg aus bei den Gehöften unterhalb der Kirche St. Michael, die auf einem Hügel über dem See steht, im Kern romanisch ist und 1479 spätgotisch ausgebaut wurde. Wir gehen durch einen der Bauernhöfe am Weiherende in nördlicher Richtung am Seeufer entlang, bis uns der Uferwald am nördlichen Ende des Sees aufnimmt. Hier halten wir uns ostwärts. Bänke laden zur

Rast. Dort, wo eine Allee südwärts zum Ziegelhof führt, wandern wir ein Stück links ab in die Waldbucht. Die Eichenallee zum Ziegelhof wurde übrigens im 18. Jahrhundert durch das Kloster Ebersberg angelegt. Wir durchqueren auf einem Wiesenweg die Waldbucht nach rechts und bewegen uns im Anschluß daran in östliche Richtung in den Wald hinein.

Zur Ludwigshöhe

Bei einer Kreuzung schwenken wir rechts ab, verlassen den Wald, gehen links an der Villa Hubertus vorbei zum jenseitigen Waldrand und bleiben zunächst unten am Wald, um dann gleich links der rot-weißen Markierung nach in den Wald hinaufzusteigen. Wir überwinden einen Buckel, wandern nochmals aufwärts, biegen bei einer Abzweigung rechts ab und bleiben am Grat, immer bergauf bis zum höchsten Punkt. Hier finden sich Mauerreste. Nun geht es etwas bergab, immer noch am Grat entlang, über einen Querweg und auf dem Trimmpfad erneut bergauf. Hier biegen wir zunächst rechts ab und erreichen, links abzweigend, den Aussichtsturm auf der Ludwigshöhe. Dieser hohe steinerne Klotz bietet einen großartigen Ausblick, vor allem nach Süden über Ebersberg hinweg und nach Grafing. An den Bäumen rund um den Turm hängen Tafeln zum Andenken an die Gefallenen des Ersten Weltkrieges. Auch eine Sitzgruppe findet sich am Fuße des Turms.

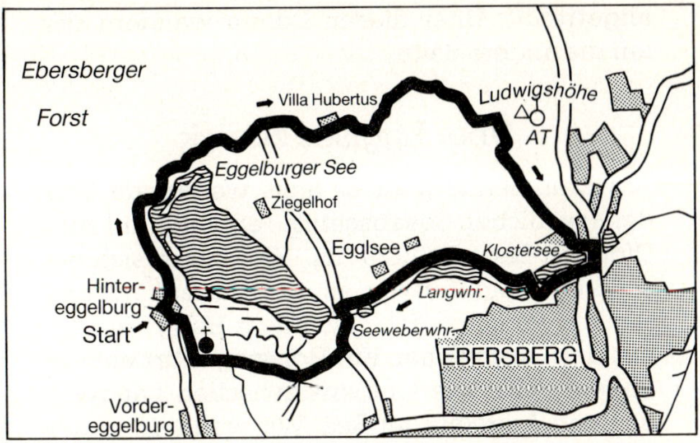

Zum Klostersee

Wir steigen nun auf dem mit einem Geländer versehenen Pfad den Hang hinunter, kommen am Eichendorff-Denkmal vorbei und gehen über eine Allee, deren Bäume ebenfalls Gedenktafeln tragen, zur Ebersberger Alm. Hier können wir einkehren. Von der Terrasse bietet sich nochmals eine schöne Aussicht. Die Allee führt uns weiter hinunter. Sie setzt sich nach einer Kreuzung in einem Fußweg fort und endet bei den ersten Häusern von Ebersberg. Wir halten uns links und steigen steil hinunter zum Ostrand des Klosterweihers. Wir folgen dem Uferweg erst in südlicher, dann in westlicher Richtung. Auf den neben den Buchten des Weihers stehenden Bänken kann man sich ausruhen. Am jenseitigen Ufer liegt das Bad. Am westlichen Ende des Sees ist ein Stück durch einen Damm abgetrennt. Über diesen Damm wandern wir auf die andere Seite.

Über Egglsee zurück

Am Dammende geht es links weiter, am Ufer des westlichen Seeabschnitts entlang und zum Ufer des Langweihers hin. Hier bietet sich ein schöner Walduferweg an, der mit zahlreichen Bänken versehen ist. Nach dem Hangwald endet der Langweiher. Ein Holzsteg führt auf die andere Seite des Grabens zwischen Langweiher und Eggelburger See. Wir wandern in der Wiesenmulde westwärts auf die Häuser von Egglsee zu, wo der Seeweberweiher auf einer Hangstufe gestaut ist. Hier stoßen wir auf ein Fahrsträßchen und kommen links zum Gasthof Gaß. Dann biegen wir nach rechts in den Wiesenpfad, der über dem südlichen Ufer des Eggelburger Sees zwischen Vorder- und Hintereggelburg verläuft und ein paar Dränagegräben überquert. Der Weg knickt ab auf den Hang zu, auf dem die Kirche St. Michael steht. Stufen führen zur Kirche hinauf und ein Feldweg den Hang hinunter zu den Häusern von Hintereggelburg, unserem Ausgangspunkt.

Wegstrecke: 8 km
Gehzeit: 2 Stunden
Topographische Karte: 7937

10. Zur Berger Lacke

Gemeindezugehörigkeit: Ebersberg

Ausgangsort: Sigersdorf

Zufahrt/Lage:

Ebersberg nennt sich eine junge Stadt mit alter Geschichte. Das Gemeindegebiet, dem durch die Gebietsreform die früher selbständige Gemeinde Oberndorf zugeschlagen wurde, liegt am Fuße eines Endmoränenrückens, einer Art Wasserscheide, von der aus nach Osten zu die Gewässer dem Inn zuströmen, nach Norden der Grundwasserstrom unter der Schotterebene Münchens bewässert wird. Im Norden erstreckt sich der ausgedehnte Ebersberger Forst. Im Nordosten erschließt sich eine ungewöhnlich reizvolle Landschaft mit sanften Höhen und breiten Tälern, durchfurcht von einigen schluchtartigen Gräben, Streuwald und zahlreichen Weilern, die oft nur aus einzelnen Gehöften bestehen.

Um 1800 war das Gebiet Schauplatz kriegerischer Auseinandersetzungen. Von Ebersberg aus stieß der französische General Richepance mit seinen Truppen in einer Umgehungsbewegung gegen die Österreicher und Bayern vor, und gewann die Schlacht bei Hohenlinden, was Napoleon den Weg nach Wien öffnete.

Wer ostwärts des Stadtbereichs Ebersberg bei der Kumpfmühle von der Bundesstraße 304 nach Norden abzweigt, kommt über schmale kurvenreiche Sträßchen steil auf die Anhöhen, nach Altmannsberg zuerst, wo auf dem Weg nach Weiding eine Tuffsteinsäule aus dem 18. Jahrhundert steht. Dann gelangt er nach Mailing – das Haus Nr. 7 ist ein bemerkenswerter Mitterstallbau aus dem 19. Jahrhundert mit Flachsatteldach und Hakenschopf, am Wirtschaftsteil befindet sich Bundwerk, der gemauerte Kapellenbildstock stammt aus dem 18. Jahrhundert – und schließlich nach Sigersdorf. Hier besitzt das Haus Nr. 5 Bundwerkteile aus der ersten Hälfte des 19. Jahrhunderts, und der Kapellenneubau stammt aus dem Jahre 1869. Vom östlichen Rand des kleinen Ortes sieht man weit über das Land, über die Hügel und Höhen vor allem im Norden und Nordosten. Hier beginnt unsere Wanderung.

Verlauf der Wanderung: Zum Schrankenschneider

In östlicher Richtung wandern wir auf dem schmalen Fahrsträßchen einen Hügel hinauf, rechter Hand verläuft parallel eine Überlandleitung, und auf dem ersten Wegbuckel kann man bereits die Aussicht weit übers Land genießen. Abwärts geht es zu einem Gehöft, das Au heißt. Davor zweigen wir direkt bei einem Strommasten rechts ab und kommen auf einem Teerweg zum Gehöft Schrankenschneider am Rand des Waldes.

Zur Berger Lacke

Am Waldrand halten wir uns links, also genau ostwärts. Der ersten Abzweigung folgen wir nach links, ebenfalls der zweiten Abzweigung,

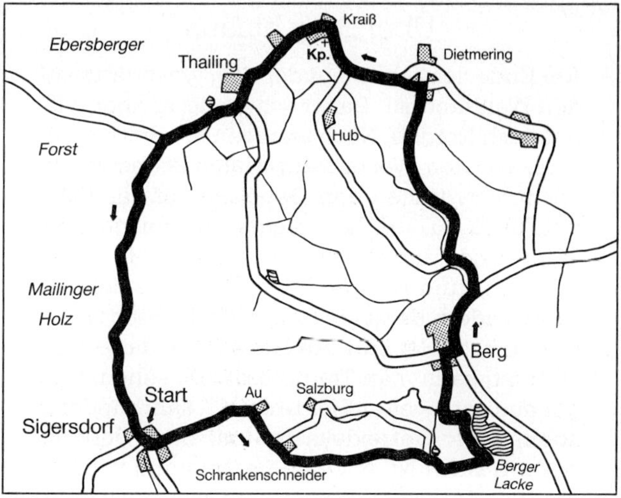

genau in östlicher Richtung und bergab, parallel zum Wiesenrand. Schließlich gelangen wir in den Forst. Wenn wir ihn fast durchquert haben, liegt links neben uns am Rand ein kleiner Weiher auf einer Landstufe. Es geht rechts weiter endgültig zum Waldrand. Eine Bank lädt zur Rast und zur Ausschau über das Tal im Osten. Von hier wandern wir hinunter in den Talboden. Vor uns liegt die Berger Lacke, ein hübscher See mit einer Insel, auf der Schilf und Erlenbuschwerk wächst. Am Südufer ist ebenfalls eine Bank aufgestellt. Wir gehen aber vor dem See gleich links weg und am Westufer entlang nach Norden.

Über Berg hinaus

Am Ende des Sees biegt der Weg westwärts auf den Waldrand zu. Davor schwenkt er aber wieder nach Norden. Nach wenigen Schritten erreichen wir den Weiler Berg. Halblinks bewegen wir uns zwischen den Gehöften auf das Fahrsträßchen zu, um hier rechts einzubiegen. Es lohnt sich, die stattlichen Bauernhöfe anzuschauen, zum Beispiel Haus Nr. 2 aus dem 19. Jahrhundert. Es ist ein Hakenhof. Hübsch ist die geschnitzte Haustür. An Haus Nr. 5, das etwas älter ist, kann man Traufbundwerk sehen. Und gar aus der zweiten Hälfte des 17. Jahrhunderts stammt der Getreidekasten mit Bundwerkgiebel von Haus Nr. 6. Quer am Ortsrand verläuft eine Straße von Steinhöring her. In diese biegen wir nach links, in die Abersdorfer Richtung, ein. Die Straße führt im Rechtsbogen zu einem Bach hinunter. Nach der Brücke gehen wir links am Ufer weiter in Richtung Hub und Kraiß.

An Dietmering vorbei

Bei der Überlandleitung und einem Bachzulauf zweigen wir rechts ab und bewegen uns, wieder am Bach entlang, auf eine Waldinsel zu, die wir rechts liegen lassen. Der Feldweg führt zum Rand eines Waldstücks, an dem wir rechts aufwärtswandern. Am Muldenhang schwenken wir vom Wald weg und steigen nach Dietmering hinauf. Auch hier gibt es sehenswerte Gehöfte, so zum Beispiel sind die Bundwerkteile am Wirtschaftsteil des Hauses Nr. 2 interessant, die um 1830 entstanden. Beachtenswert ist auch die

Dörrhütte, ein Massivbau mit Bundwerkgiebel aus dem ersten Drittel des 19. Jahrhunderts, am westlichen Ortsende, die ebenfalls zum Haus Nr. 2 gehört. Noch vor dem Weiler zweigen wir links ab in das Fahrsträßchen nach Kraiß. Bergab erreichen wir über Wiesen und Felder eine Mulde, in der ein Weg zum Weiler Hub abzweigt, ein Gehöft auf einem Hügel mit einer Hofkapelle aus dem 18. Jahrhundert. Das Haus selber ist mit 1712 bezeichnet. Unser Weiterweg führt aber im Rechtsbogen nordwärts, an einer Kapelle vorbei, die zu Haus Nr. 2 gehört und aus dem dritten Viertel des 19. Jahrhunderts stammt, nach Kraiß hinein. Durch den Ort kommen wir im Linksbogen zunächst leicht bergab, dann folgen wir dem Sträßchen weiter, steiler bergab zum Ortsrand von Thailing.

Durchs Mailinger Holz zurück

Wir folgen dem Straßenverlauf am Ortsrand des Weilers und stoßen auf eine Straßenabzweigung. Es geht rechts in der Hohenlindener Richtung weiter. In Höhe des Waldes zweigen wir in einem Straßenbogen nach links ab und steuern auf die Waldspitze zu. Im Wald wandern wir neben der Wiesenbucht zunächst bergauf und in südlicher Richtung. Rechter Hand liegt ein Naturdenkmal, eine baumbestandene Mulde, die von Wasser bedeckt ist, das die Wurzeln unterspült hat. In Stufen steigen wir weiter aufwärts, bis wir vor eine Lichtung kommen. Hier biegen wir links ab, gehen über den Wiesenbukkel, durchqueren nochmals einen Waldstreifen und erreichen das Rodungsgebiet nördlich von

Ebersberg. Eine Aussichtsbank steht am Waldrand. Weit reicht unser Blick über das Land. In südlicher Richtung kommen wir nach Sigersdorf zurück. Im Ort zweigen wir links ab und sind bald wieder am Ausgangspunkt.

Wegstrecke: 10 km
Gehzeit: 2½ Stunden
Topographische Karten: 7837, 7838, 7937, 7938

11. Zum Kastenseeoner See

Gemeindezugehörigkeit: Egmating

Ausgangsort: Egmating

Zufahrt/Lage:

Egmating an der südwestlichen Landkreisgrenze ist eine Rodungsinsel, umschlossen vom Höhenkirchener Forst, vom Egmatinger Forst und vom bewaldeten Obermaierberg, der immerhin eine Höhe von 638 m erreicht. Hier ist die Grenze der Münchner Schotterebene zum Inn-/Chiemseehügelland. Und so abseits der Ort heute liegt, die Flur war seit Urzeiten besiedelt, wurde hier doch ein Reihengräberfeld mit Gegenständen aus dem 7. Jahrhundert entdeckt.

Den Besucher des Ortes beeindrucken zwei Bauten. Das sind zum einen die stattlichen Gebäude der Brauerei – ein Bräustüberl gibt es auch; zum anderen das ehemalige Hofmarkschloß, dessen Bausubstanz auf das 17. Jahrhundert zurückgeht. Die Brauerei und das Wirtschaftsgebäude der Brauerei wurden in der zweiten Hälfte des 19. Jahrhunderts errichtet. Diese Bauten werden vom mächtigen Turm der Kirche St. Michael überragt. Um 1200 entstand diese romanische Chorturmanlage. 1618 wurde sie umgebaut: ein Tonnengewölbe kam dazu und der Dachstuhl wurde angehoben. Das Nordportal war im 15. Jahrhundert schon gotisch umgestaltet. Auf das Jahr 1680 geht die Grabkapelle der Herren von Schrenck-Notzing zurück. Der Edelsitz Egmating ist schon im 12. Jahrhun-

dert beurkundet. Ein Niklas Schrenck-Notzing bekam 1336 die Hofmark. Die Linie starb um 1700 aus.
Das benachbarte Orthofen war jahrhundertelang Sitz eines herzoglichen Amtes.

Verlauf der Wanderung: In den Egmatinger Forst

In Egmating gibt es gleich drei ansehnliche Wirtschaften. Gegenüber der Kirche befindet sich das Bräustüberl. Wenn man von der Kirche südwärts auf der Schloßstraße weitergeht, steht rechter Hand der Gasthof Wallner. Hier treffen wir auch auf das Kriegerdenkmal, auf den Maibaum und das Gemeindehaus. Der Sportplatz liegt linker Hand. Und nahe dem Waldrand, den wir in südlicher Richtung erreichen, könnten wir im Hotel-Restaurant Tannenhof einkehren. Wir wandern aber am Rande des Egmatinger Forstes links weg in den Hafnerweg und folgen nach dem letzten Haus innerhalb des Waldes dem Rand der Rodungslichtung in östlicher Richtung. Der Weg ist teilweise verwachsen und außerhalb des Waldes bis zu den Baumwurzeln zugeackert. Auf jeden Fall müssen wir den Waldwinkel erreichen, wo wir auf eine Forststraße stoßen, der wir ein paar Schritte links, nordwärts, folgen. Sie biegt nach rechts, nach Osten, in den Wald hinein. Am Taferlberg überqueren wir eine weitere Forststraße. Bei der nächsten quer verlaufenden Forststraße gehen wir links, nordwärts, bis wir nach dem Wegbogen wieder rechts und in östli-

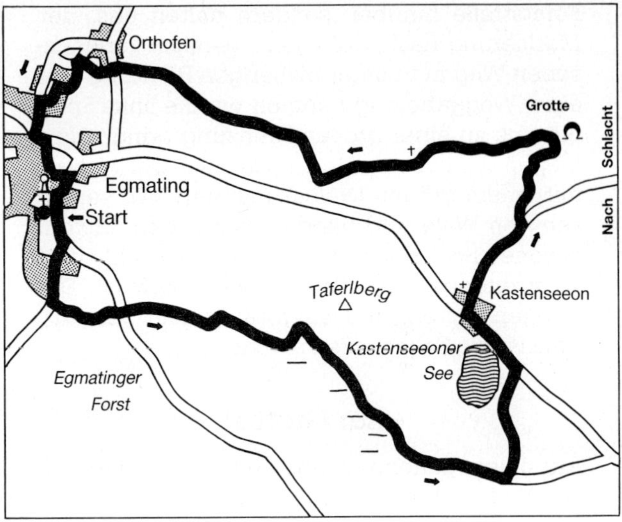

cher Richtung auf einem breiten Forstweg weiterwandern können.

Zum See

Das Landschaftsschutzgebiet hier ist hügelig, unterbrochen von auffallenden Kesseln, Relikten wohl einst verlandeter Seen. Beim »Lindacher Schlag« gehen wir über eine Kreuzung. Nun steigen wir ziemlich bergauf. Unser Weg ist rot markiert. Fast auf der Höhe, bei einem großen Grenzstein, verlassen wir den breiten Weg, schwenken links wieder ostwärts und folgen bei einer Abzweigung rechts der gelben und roten Markierung. Wir queren nicht zur breiten

Forststraße hinüber, sondern halten uns, der Markierung nach, auf einem ziemlich verwachsenen Weg in unserer bisherigen Richtung. Bei einer Weggabelung nehmen wir die linke Spur, die uns zu einer großen Kreuzung bringt. Nun biegen wir nach Norden, nach links. Der Weg ist mit einem grünen Dreieck markiert. Wir verlassen den Wald und haben vor uns den Kastenseeoner See, der vor allem an den Süd- und Westrändern verschilft und versumpft ist. Die übrigen Seiten sind eingezäunt und verbaut. Bald ist die Fahrstraße erreicht.

Zur Grotte

Auf dieser gehen wir, uns erneut links haltend, am Bad vorbei und zum kleinen Ort Kastenseeon. Die Ortskapelle aus dem 17. Jahrhundert ist ziemlich verwahrlost – das See-Café nur in der Saison geöffnet. Nach der Wirtschaft »Am Kastensee« – hier gibt es gute Brotzeiten – biegen wir rechts ab in Richtung Schlacht. Wir steigen zunächst aufwärts aus dem Ort hinaus und wandern dann hinunter in eine große Senke zum Waldrand hin. Hier zweigen wir links von der Fahrstraße ab und gehen gleich rechts den Hügel hinauf. In einem Rechtsbogen kommen wir auf die Höhe, verlassen den Wald, überqueren die Koppeln nach links wieder zum Waldrand und erreichen bei einem Kreuz mit einer Bank davor die kleine Lourdesgrotte.

Nach Orthofen

Nach der Grotte biegen wir links in die Forststraße. Es ist gelb markiert. Auf breitem Weg überwinden wir einen Buckel und steigen dann steil in Stufen hinunter, wobei wir uns links und westwärts halten, an einem Zaun entlang. Dort, wo »Reiten verboten« steht, wandern wir nochmals hinunter. Bei einem Waldkreuz stoßen wir auf einen Querweg. Hier geht es rechts, vorbei am Gedenkkreuz für den verunglückten Anton Roth aus Schlacht, der 1948 an dieser Stelle im Alter von 62 Jahren von einem Baum erschlagen wurde. Wir marschieren hügelauf und -ab. Nach einer Kiesgrube kommen wir über eine Kreuzung. Bei der nächsten Kreuzung kurz vor der Fahrstraße biegen wir rechts weg. Der Weg wendet sich nach links und stößt auf eine quer verlaufende Forststraße. Hier halten wir uns rechts und kommen geradeaus aus dem Wald. Über einen Wiesenbuckel erreichen wir einen Waldvorsprung und einen Jägerstand, steigen weiter hoch und gelangen über diese Anhöhe zu den ersten Häusern von Orthofen.

Aus dem Tal zurück

Links versetzt überqueren wir das Fahrsträßchen und gehen hinunter zu den Häusern im Tal. »Am Feldl« heißt es hier. Links folgen wir dem Binsberg, schwenken links in den Jägerweg und bewegen uns nun in südlicher Richtung. Nochmals wandern wir links die Münchner Straße hinauf, bis wir rechts in den Kellersteig abzweigen können. Das ist ein Fußweg, der über den Kreuzberg in die Schloßstraße mündet. An der Brauerei vorbei, kommen wir zurück zum Ausgangspunkt.

Wegstrecke: 12 km
Gehzeit: 3 Stunden
Topographische Karten: 7936, 7937, 8036, 8037

12. Im Wildgatter auf der Römerstraße

Gemeindezugehörigkeit: Forstinning

Ausgangsort: Forstinning

Zufahrt/Lage:

Forstinning liegt im Osten von München an der Bundesstraße 12 und am nördlichen Rand des Landkreises Ebersberg. Der Ebersberger Forst begrenzt die Gemeinde nach Süden. In den nördlichen Niederungen breiten sich ausgedehnte Filze und Moose aus, Ausläufer des großer Erdinger Mooses. Die Sempt mit ihren Zuflüssen und der Erler Bach entwässern die Feuchtgebiete. Am Rande des Forstes gibt es noch Spuren der einstigen Römerstraße, aber auch zwischen dem Faulmoos und Forstinning, also im westlichen Teil des Gemeindegebietes, findet man welche.

Im Zentrum des Hauptortes, der südwestlich nach Schwaberwegen und östlich nach Aitersteinering ausläuft, steht die Pfarrkirche Mariä Heimsuchung, ein im Kern gotischer Bau, der in der Zeit zwischen 1755 und 1766 von Balthasar Trischberger barock umgestaltet wurde. Am Biberberg liegt an der Römerstraße Regensburg–Alpenrand eine alte keltische Viereckschanze. Vom alten bäuerlichen Ort Forstinning ist nicht mehr viel übrig. Die Nähe und Ausstrahlung Münchens hat den Siedlungscharakter nachdrücklich verändert. Die nächste Eisenbahnanbindung ist das 5 km entfernte Markt

Schwaben, die nordwestliche Nachbargemeinde.

Verlauf der Wanderung: In den Wildpark

Wer von Ebersberg kommt, stößt beim Ortsteil Schwaberwegen, kurz vor dem Ortszentrum Forstinning, auf eine Kreuzung. Beim ersten Haus hinter dem Waldrand beginnt unsere Wanderung. Wir gehen südwärts in den Wald auf dem Schwaberwegen-Geräumt. Nach ein paar Metern biegen wir rechts, genau nach Westen, in eine Schneise ab. Das ist der Trassenverlauf der ehemaligen Römerstraße, von der noch Dammreste erhalten sind. Teilweise ist der Weg ziemlich verwachsen. Wir bleiben aber in der Richtung bis wir nahe am Waldrand sind. Dann schwenken wir nach links, nach Süden. Wir stoßen auf eine Forststraße, folgen ihr bis zur Kreuzung auf dem Heilig-Kreiz-Geräumt, biegen rechts in das Bürsch-Geräumt, bei nächster Gelegenheit links in das Unterasbach-Geräumt und wieder nach Süden. Eine weitere Kreuzung nimmt uns auf. Wir halten uns wieder westwärts und spazieren im Schulze-Geräumt weiter. Dann geht es im rechten Winkel und nach Süden ins Oberasbach-Geräumt, bis wir hier nach ein paar Metern rechts schräg in nordwestlicher Richtung abbiegen und direkt zum Zaun stoßen, den wir auf Lattenstufen übersteigen.

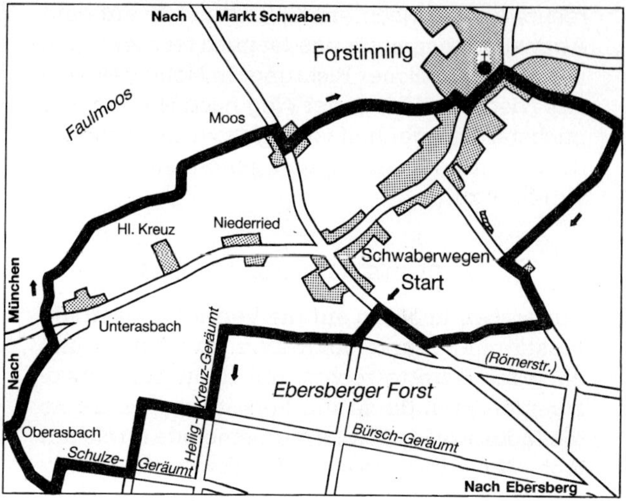

Zum Faulmoos

Das Wildgehege des Ebersberger Forstes ist weithin aufgewühlt durch Wildschweinherden, die hier zahlreich vertreten sind, sich aber ziemlich versteckt halten. Wir kommen nun aufs freie Feld, wandern auf die Gehöfte von Oberasbach zu, eine große Gärtnerei findet sich hier, durchqueren den Ort und verlassen ihn nach Norden in Richtung Unterasbach. Kurz vor dem Weiler zweigen wir links ab und steuern auf die B 12 zu, die wir überschreiten. Alsbald teilt sich der Feldweg. Wir nehmen die rechte Abzweigung und kommen zum Rand des Faulmooses, das die Gemeinde Forstinning von Markt Schwaben trennt. Der Weiler Hl. Kreuz bleibt rechts liegen. Noch einmal treffen wir auf eine Abzweigung, der wir wieder nach rechts folgen, nun fast in östlicher Richtung. In Höhe des Weilers Niederried biegt der Weg nach Norden. Bei nächster Gelegenheit verfolgen wir aber wieder die bisherige Richtung und gehen auf den Weiler Moos zu.

Über Forstinning hinaus

Wir stoßen in Moos auf die Verbindungsstraße Forstinning–Markt Schwaben und halten uns ein paar Schritte rechts, um dann links abzuzweigen, nun direkt auf Forstinning zu. Es ist die Moosstraße, die uns die Gemeinde erreichen läßt. Wir schwenken nach links in die Hauptstraße und kommen am Gasthof »Alter Wirt« vorbei, am Kriegerdenkmal und an der Kirche. Gegenüber vom »Neuwirt« steht der Maibaum. Jetzt folgen wir, rechts abbiegend und in östlicher Richtung auf der Siegstätter Straße dem Wegweiser »Waldfriedhof«. Wir gehen durch die Siedlung am östlichen Ortsrand von Forstinning und verlassen den Ort auf einem Teersträßchen, das von einem Fußweg begleitet wird. Bäume stehen am Straßenrand und Bänke sind aufgestellt.

Im Forst zurück

Wir kommen zu einem Quersträßchen. Links geht es zum Weiler Siegstätt und rechts zum Waldfriedhof. Wir wandern an diesem vorbei und vorbei auch an einem Vorsprung des Forstes. Übers Feld erreichen wir ein paar Häuser neben einigen Kiesgruben. Hier ist ein kleines Freizeitgelände angelegt. Wir biegen links in den Feldweg, der uns zum Waldrand bringt. Innerhalb des Waldes, direkt am Rand, steht eine Wanderwegtafel, welche Auskunft gibt über die markierten Routen in diesem großen Forst zwischen Forstinning, Hohenlinden, Steinhöring, Ebersberg, Vaterstetten und Anzing. Es ist ein riesiges Areal, im wesentlichen ein Wildgehege, durchzogen von der Straße Markt Schwaben–Ebersberg, an deren Rand Wandererparkplätze angelegt sind. Grabhügel deuten auf vorgeschichtliche Besiedlung. Mit »Sauschütt« sind einige Plätze bezeichnet. Und den Wanderrouten kann man stundenlang folgen, ohne das Waldgebiet verlassen zu müssen. Wir halten uns bei der Tafel gleich rechts und gehen auf dem Pfad am Waldrand entlang. Wo es nicht mehr weiter geht, biegen wir ein paar Meter nach links und stoßen auf einen Forstweg. Diesem folgen wir zur Fahrstraße. Auch hier gibt es einen Wandererparkplatz. Auf der Fahrstraße wandern wir, uns rechts haltend, zum Ausgangspunkt am Waldrand zurück.

Wegstrecke: 12 km
Gehzeit: 3 Stunden
Topographische Karte: 7837

13. Rund um Frauenneuharting

Gemeindezugehörigkeit: Frauenneuharting

Ausgangsort: Jacobneuharting

Zufahrt/Lage:

Die Gemeinde Frauenneuharting liegt 6 km östlich von Grafing und circa 15 km südöstlich von Ebersberg im Inn-/Chiemseehügelland. Der Rettenbach, ein Nebenfluß der Attel, begrenzt die Gemeindeflur nach Osten. Hier in dieser Niederung dehnen sich das Frauenneuhartinger, das Jacobneuhartinger und das Hochfilz aus. Das übrige Gemeindeland ist stark durch niedere Hügel gegliedert und gelegentlich durch kleinere Waldstücke unterbrochen. Die ausgedehnteste Waldfläche befindet sich im Bereich der Filze. Von den Höhen bietet sich ein schöner Ausblick in die weiten Täler, vor allem nach Osten. Die Gemeinde hat weder eine Anbindung an die Eisenbahn noch an bedeutende Durchgangsstraßen. Das bäuerliche Land weist, außer in Frauenneuharting, in bescheidenem Ausmaß geringe Siedlungskonzentrationen auf. Weit verstreut liegen Weiler und einzelne Gehöfte, oft an aussichtsreichen Punkten. Es sind kleine »Königreiche«, oft ansehnliche Hakenhöfe. Am Südrand der Gemeinde, in Eichbichl, liegt über einer Bachniederung mit einer Reihe von Fischteichen das Schloß Eichbichl, ein ehemaliges Wasserschloß, das im Kern spätmittelal-

terlich ist, seine äußere Form aber im 17. Jahrhundert bekam. In Frauenneuharting selbst dominiert am höchsten Punkt der Ansiedlung die ursprünglich spätgotische, später barock ausgebaute Pfarrkirche St. Maria. Das nahe Pfarrhaus ist Anfang des 19. Jahrhunderts entstanden, das Mesneranwesen in der zweiten Hälfte des 17. Jahrhunderts.
Wie der Name Frauenneuharting von der Frauenkirche kommt, so kommt der Name Jacobneuharting von der Filialkirche, die dem heiligen Jacobus geweiht ist. Spätromanisch ist das Langhaus. Im 17. Jahrhundert wurde es erweitert und barockisiert. Chor und Turm sind spätgotisch. Alt ist das Mühlenanwesen auf einer Landstufe am Ostrand des Ortes. Das Wohnhaus wurde im dritten Viertel des 18. Jahrhunderts gebaut. Im Gemeindebereich finden sich weitere Gotteshäuser mit romanischer Vergangenheit, so in Lauterbach die Filialkirche St. Petrus, die spätgotisch und barock ausgebaut wurde, in Haging die Filialkirche St. Leonhard, ebenfalls mit gotischem, später barockem Ausbau. Auch einige interessante Wegkapellen gibt es in den dazugehörigen Fluren. Die Wegkapelle mit Lourdesgrotte in Reith an der Straße Lochen–Neuhardsberg wurde 1878 errichtet. Die Kapelle in Moosen stammt aus der Zeit um 1900. Die Hofkapelle in Kleinaschau wurde 1820 gebaut. Die Feldkapelle am Hungerberg entstand in der ersten Hälfte des 19. Jahrhunderts, die Hofkapelle in Haus 1839. Die Wegkapelle von Haging, östlich des Weilers, ist ein Holzbau in gotischem Stil, datiert aber aus der Zeit um 1900. Neugotisch ist die Kapelle von Buch, Ende

des 19. Jahrhunderts errichtet und 1930 erneuert. Um 1870/80 ist die Kapelle in Baumberg entstanden. Besonders stattliche Bauernanwesen gibt es in Großaschau, Haus Nr. 37 mit einer eigenen Hofkapelle aus dem 19. Jahrhundert, und in Haus Nr. 2 aus dem dritten Viertel des 19. Jahrhunderts mit einem reich verzierten Balkon am Ostgiebel. Leider ist allzu vieles an alter Bausubstanz verlorengegangen.

Verlauf der Wanderung: Ins Moos

Von der Kirche St. Jacobus halten wir uns links, vorbei am Gasthof Post, wo auch der Maibaum steht, und gehen die Hauptstraße ostwärts hinunter. Wir kommen an der Mühle vorbei. Nach der Abzweigung nach Lindach wandern wir über eine Landstufe abwärts und schwenken im Straßenbogen links in den Feldweg ab. Eine Abzweigung führt uns dann nach rechts, an einer Feldscheune vorbei, auf den Mooswald zu. Zunächst bewegen wir uns parallel zu einem Graben, den wir bald überqueren, und stoßen auf dem Dammweg neben einem Drainagegraben in das Gebiet zwischen dem Frauenneuhartinger und dem Jacobneuhartinger Filz. Wo der Wald endet, biegen wir aus der östlichen in die nördliche Richtung und marschieren zunächst am Waldrand entlang. Über feuchte Wiesen steuern wir auf einen Baumstreifen zu. Hier erreichen wir einen Querweg, dem wir nach rechts, ostwärts, folgen.

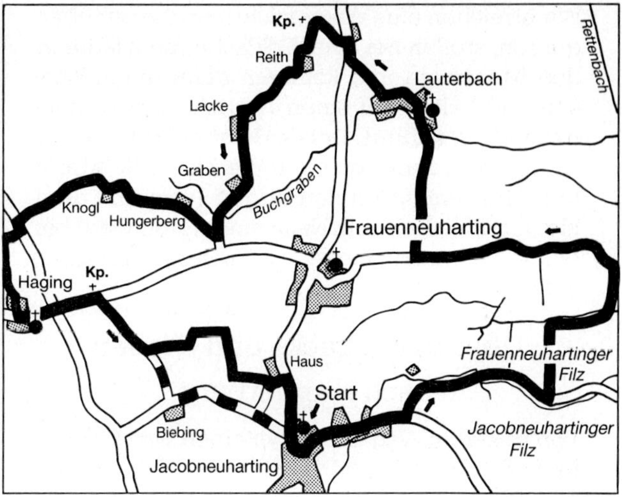

Auf Lauterbach zu

Im Filz wurde einst Torf gestochen. Verfallene Torfhütten und zerbrochene Stege über Drainagegräben finden sich noch. In den Torfgruben hat sich Wasser gesammelt. Aber weitgehend sind die Filze hier verlandet. Unser Weg führt aus dem Wald hinaus, wo er nach links in einem Acker verläuft. Wir wandern in der bisherigen Richtung, also ostwärts, an einer Baumreihe entlang. Danach setzt sich der Feldweg am Graben entlang fort. Ein Querweg nimmt uns auf, dem wir nach links, nordwärts, auf einige Feldscheunen zu, folgen. Im Linksbogen erreichen wir einen Waldvorsprung und gehen bei einer verfallenen Hütte in den Wald, nun westwärts.

Wir erreichen eine Wiesenlichtung, die wir überqueren, stoßen bei einer Feldscheune wieder in den Mooswald und kommen dann durch Wiesen und Felder auf einen Weg, der auf Frauenneuharting zuführt. Der Ort liegt am Hang einer Hügelkette. Inmitten steht die Kirche St. Maria mit dem schlanken viereckigen Turm und dem kleinen Zwiebeldach. Nach einem Hohlweg, bei einem Feldkreuz, biegen wir rechts, nordwärts, in Richtung Lauterbach ab.

Über Reith, Lacke und Graben nach Hungerberg

Von unserem Weg haben wir einen weiten Blick über die Niederung, die vom Rettenbach entwässert wird. Wir wandern durch Lauterbach, das Kirchlein St. Petrus bleibt rechts liegen, halten uns links, biegen beim letzten Gehöft am Rand des Weilers rechts ab und steigen schräg den Hang hoch zur Fahrstraße nach Tulling. Hier müssen wir ein paar Schritte rechts gehen, um dann links hoch zu schwenken in Richtung Reith. Wir kommen an einem einzelnen Haus vorbei und zweigen bei der Feldkapelle links ab. Noch weiter reicht jetzt die Aussicht, vor allem nach Norden und Osten. Nach dem Gehöft Reith geht es im Rechtsbogen nochmals bergauf zum höchsten Punkt unserer Wanderung, hier ist auch die Aussicht am schönsten, und nun hinunter zum Weiler Lacke. Der Weiterweg führt links, an den Gehöften von Graben vorbei, langgezogen bergab auf ein Waldstück zu. Der Buchgraben bildet beim letzten Gehöft von Graben eine tiefe Schlucht. Am Waldeck überqueren wir den Graben, wandern leicht bergauf, halten uns vor der Fahrstraße im spitzen Winkel rechts und kommen auf Hungerberg zu.

Über Haging zurück

Nach dem Gehöft geht es nochmals leicht aufwärts auf den Waldrand zu. Auf der Anhöhe liegt der Weiler Knogl mit einem großen Maibaum, der links liegen bleibt. Der Waldrand begrenzt eine Landstufe. Danach erreichen wir ein weiteres Waldstück und kommen bald zur Fahrstraße hinunter, die wir etwas links versetzt in einen Feldweg kreuzen. Dieser bringt uns bergab zu einem Feldkreuz, einem alleinstehenden Baum und einer Bank. Nun wandern wir links auf Haging zu. Durch die Gehöfte stoßen wir auf eine quer verlaufende Straße, der wir nach links folgen, vorbei am Kirchlein St. Leonhard. Nach dem Ort gehen wir über eine Straßenkreuzung bergauf und bei der hölzernen Kapelle rechts auf zwei Waldinseln zu. Jetzt haben wir die Wahl: Wir können geradeaus hinunterwandern zum Gehöft Biebing und sind dann auf der Fahrstraße nach Jacobneuharting, der wir nach links folgen. Wollen wir keinen Straßenverkehr, müssen wir uns beim zweiten Waldstück links halten, in östlicher Richtung hinuntergehen und dann vom Wald weg bis zur ersten Wegkreuzung, hier rechts weiter, ziemlich weit hinauf bis kurz vor die Fahrstraße, nun links zum Weiler Haus und über die Frauenneuhartinger Straße rechts nach Jacobneuharting zurück.

Wegstrecke: 16 Kilometer
Gehzeit: 4 Stunden
Topographische Karte: 7938

14. Über Zinneberg und Ursprung nach Kreuz

Gemeindezugehörigkeit: Glonn

Ausgangsort: Glonn

Zufahrt/Lage:

Der Markt Glonn liegt am südwestlichen Ende des Landkreises, von der Kreisstadt am besten über Grafing zu erreichen. Die Glonn ist der namensgebende Fluß, der hier den Ursprung hat, südostwärts zur Mangfall zieht und in diese bei Bad Aibling einmündet. Der Ort ist Erholungsgebiet, und die malerische Landschaft hat frühzeitig zur Besiedlung angeregt. Die erste Erwähnung fand 774 statt. Aber Funde aus der Kelten- und Römerzeit belegen frühere Niederlassungen. Auch berühmte Persönlichkeiten hat es hierher gezogen, so die Heimatschriftstellerin Lena Christ, den Chirurgen Professor Lebsche und den Schriftsteller Wolfgang Koller, um einige zu nennen.

Auf Gemeindegebiet liegt das einstmals bedeutende Schloß Zinneberg, das zeitweilig auch Eigentum der Kurfürstin Leopoldine, der Retterin Bayerns, war. Heute gehört der Besitz den Ordensfrauen vom Guten Hirten, die hier ein Mädchenheim unterhalten. 1905 und nach einem Brand 1938 wurden die Reste der einstigen mittelalterlichen Burg neu aufgebaut. Es gibt hier einen Treppengiebelbau mit Durchfahrt im Stil der Inn-Salzach-Bürgerhäuser und daran anschließend einen Orangeriebau in barocken For-

men. Die Parkanlage ist im englischen Stil angelegt. Es gibt einen Gartenpavillon und südlich des Schlosses eine Kapelle an der nordöstlichen Parkmauer.
In Glonn selber ist die Pfarrkirche St. Johannes der Täufer, die 1642 erbaut wurde, interessant und vor allem auf dem Bahnhofsplatz der ehemalige Lokschuppen, ein Bau in Zyklopenbauweise, um 1900 entstanden. Hübsch ist auch das Rathaus am Marktplatz aus dem Jahre 1931 und bemerkenswert ist auf unserer Wanderung auch die katholische Filialkirche Mariä Himmelfahrt in Kreuz, eine ehemalige Wallfahrtskirche mit romanischen Tuffquadern, um 1200 entstanden, ausgebaut 1630 in nachgotischen Formen.

Verlauf der Wanderung: Zum Schloß

Vom Marktplatz, das Hotel Post steht hier, gehen wir ostwärts, an der Kirche vorbei, in die Professor-Lebsche-Straße, abwärts über den Bach, am Restaurant Zur Lanze vorbei, bei einer Straßenabzweigung links in die Wolfgang-Koller-Straße und aufwärts über die Zinneberger Straße aus dem Ort hinaus in den Wald. 10 % Steigung sind hier zu überwinden. Am Waldrand finden sich eine Sitzgruppe und eine Votivkapelle sowie ein Parkplatz.
Wir steigen nun hügelan, bis oben der Wald zurücktritt. Rechts geht es über eine Allee zum Gasthof Schießstätte, links zum Schloß Zinneberg. Im Schloßbereich halten wir uns geradeaus, wandern also an den Gebäuden vorbei, auf einem Feldweg zum Waldrand hin, hier rechts

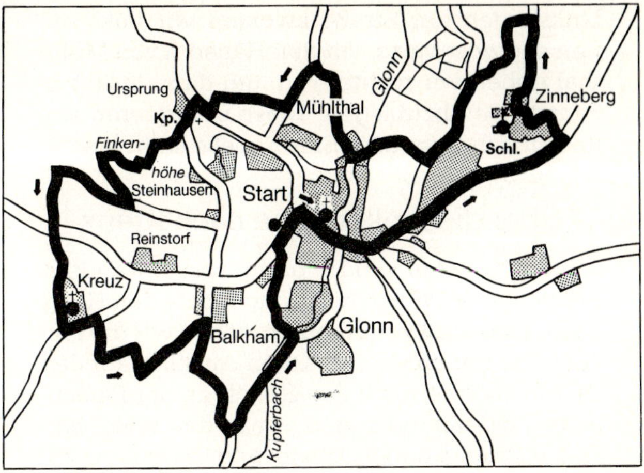

weiter, erst eben am Rand entlang und nordwärts, dann im Wald bergab.

Nach Ursprung

Bei einer Abzweigung gehen wir erst einmal geradeaus abwärts, dann gleich links, nach Westen, und bergab. Am Hang halten wir uns links, bis ein breiter Weg kreuzt. Hier wandern wir geradeaus steil hinunter in den Hohlweg, erreichen die Fahrstraße, steuern links auf den Ort zu, sind wieder in der Wolfgang-Koller-Straße, biegen bei erster Gelegenheit rechts weg in einen Teerweg, kommen in der Talmulde über eine Bachbrücke, schwenken bei den Häusern rechts ab, das ist die Lena-Christ-Straße, und steigen bergauf auf Adling zu. Nach einem

Linksbogen der Straße zweigen wir links ab, nun südwestwärts. Vor den Häusern von Mühlthal gehen wir rechts weg, um dann links zur Fahrstraße abzubiegen. Diese überqueren wir und sind in Ursprung. Eine Kapelle steht hier.

Über die Finkenhöhe nach Kreuz

An den Häusern von Ursprung vorbei wandern wir bei einer Wegabzweigung rechts den Hang hoch. Oben am Waldrand erreichen wir die Finkenhöhe mit einem hübschen Ausblick auf das Tal um Glonn. Durch das Gehöft an der Finkenhöhe hindurch gelangen wir in den Wald, stoßen wieder zum Waldrand und schreiten einfach südlich über die Wiese auf ein Wegkreuz zu, das frei am Hang einer Höhe steht. Hier biegen wir rechts ab, westwärts, ganz auf die Höhe hinauf, steigen danach hinunter zu einem Querweg, der geteert ist, folgen ihm nach links, überqueren die Fahrstraße und erreichen den Weiler Kreuz mit der ehemaligen Wallfahrtskirche.

Am Kupferbach zurück

Nach der Kirche und den Häusern von Kreuz biegen wir links in ein Sträßchen, dem wir ein Stück bergab folgen. Bei erster Gelegenheit schwenken wir rechts weg und kurz darauf nochmals links hinunter zu einer Baumgruppe. Nun geht es wieder rechts zum Rand des Waldes. Hier, eine Bank steht am Eck, kommt ein Forstweg aus dem Wald und führt in das Weideland. Ihm folgen wir in nordöstlicher Richtung bis zu einer Abzweigung. Jetzt halten wir uns rechts und wandern auf den Weiler Balkham zu. Bei den ersten Häusern geht es wieder rechts weg, diesmal südwärts, und an einem Waldstreifen entlang, der sich über einer Schlucht hinzieht. Am Waldeck schwenken wir links ab, wandern über die Wiese hinauf und in eine Waldbucht hinein. Eine Bank steht am Waldrand. Hier gelangen wir in den Wald, halten uns links, gehen aber nicht aus dem Wald hinaus, sondern biegen bei erster Gelegenheit erneut links weg, parallel zurück zum letzten Wegstück. Der Weg wird zum Pfad, der steil schräg hinunterführt auf das Tal zu und zu den ersten Häusern. Hier erreichen wir einen Mühlbach und wandern an diesem entlang, hinunter zur Brücke über den Kupferbach, die wir überqueren. Aus der Waldstraße kommen wir links in die Wiesmühlstraße, vorbei am Sägewerk, passieren nochmals links eine Brücke, marschieren am Sportplatz vorbei, um dann rechts in die Vorfahrtsstraße einzubiegen und erneut rechts in die Hauptstraße, die uns zum Ausgangspunkt zurückbringt.

Wegstrecke: 10 km
Gehzeit: 2½ Stunden
Topographische Karte: 8037

15. Zum Sonnenhausener Herrenhaus

Gemeindezugehörigkeit: Glonn
Ausgangsort: Schlacht

Zufahrt/Lage:

Am Rande des wasserreichen Isar-/Innhügellandes liegt der Markt Glonn. Der Name ist keltischen Ursprungs und bedeutet »rein – klar«, eine Niederlassung also am klaren Wasser des Glonnbaches. Ein Tuffsteinbruch auf Gemeindegebiet wurde in der Römerzeit als Steinbruch benutzt. Hier fanden sich auch Reste neolithischer Wohnstätten, Tongefäße und Steinwerkzeuge. Auch bei der Kirche von Glonn kamen römische Münzen aus der Zeit um 300 n. Chr. ans Tageslicht, und am Bäckerberg östlich von Glonn gibt es Reihengräber. Den Urkunden nach war der Ort eine bayerische Einzelgründung und besaß schon frühzeitig eine Pfarrkirche. Als Adelssitz ist er 1015 nachgewiesen.
Zu den Ortsteilen der Marktgemeinde gehört der Weiler Schlacht. Die hübsche Kapelle dort ist dem heiligen Martin geweiht. Aus der gotischen Erbauungszeit ist nur der Chor erhalten. Ein paar stattliche Bauerngehöfte aus dem 19. und sogar aus dem 18. Jahrhundert können ebenfalls bewundert werden. Am nördlichen Ortsausgang verzweigt sich die Straße. Der Hauptarm führt durch Kaltenbrunner und Pframmerner Gehölz in die Nachbargemeinde Oberpframmern, die rechte Abzweigung nach

Niederseeon, das zur Gemeinde Moosach gehört.

Verlauf der Wanderung: Zum Reiterhof

Wir folgen diesem Sträßchen in nordnordöstlicher Richtung. Es ist ein Teerweg, der den rechten Rand der Straßenhölzer, einem Waldstück, das sich zum Gemeindegebiet Oberpframmern hinzieht, berührt. Danach kommen wir in das Rodungsgebiet von Niederseeon. Im Landschaftsschutzgebiet nordöstlich findet sich in einer Waldmulde der Steinsee, der zwar am Nordufer eine Badegelegenheit bietet, aber am Südufer nicht zugänglich ist. Vor uns liegt der Gutshof Reiterhof, ein Gebäude, das Friedrich von Thiersch 1907 errichtete. Den Torbögen wurde ein barockes Aussehen gegeben. Die nahe Gutskapelle stammt aus der ersten Hälfte des 18. Jahrhunderts. Hier in diesem kleinen Weiler steht auch das ehemalige Jagdhaus, das jetzige Forsthaus, ein malerischer Bau mit hölzernen Lauben und einem großen hölzernen Dreiecksgiebel aus dem Jahre 1900. Nahe dem Steinsee findet sich noch eine Wegkapelle aus der ersten Hälfte des 19. Jahrhunderts. Einkehren könnten wir in der Gaststätte Reiterhof am Steinsee. Unser Weiterweg führt aber nach rechts in die Allee vor dem Gutshof und in östlicher Richtung auf Oberseeon zu.

Zum Kitzelsee

Das Sträßchen biegt nach Süden. Bei erster Gelegenheit zweigen wir links ab, hinauf auf den Hügel, um dann vor dem ersten Gehöft rechts, wieder südwärts, hinunterzusteigen, zum Waldrand. Es ist das Adlinger Holz. Hier lohnt sich ein Abstecher zum Kitzelsee. Man geht geradeaus in den Wald hinein und nach den ersten Baumreihen rechts hinunter zum malerischen Ufer des Waldsees. Zurück wandert man auf gleichem Weg, aus dem Wald hinaus und rechts, also südöstlich, ziemlich bergab zwischen den Bäumen.

Durchs Tal des Doblbaches

Wie am Kitzelsee ist auch hier Landschaftsschutzgebiet. Am Rande des Adlinger Holzes kommen wir ins Bachtal, gehen an einem Graben entlang, zwischen Wiesen in den Talboden und geradeaus über eine Kreuzung. Dann überqueren wir, nachdem der Weg einen Linksbogen gemacht hat, nach rechts den Doblbach. Hier am Waldrand kreuzen wir die Fahrstraße Moosach–Glonn und steigen steil den für Kraftfahrzeuge gesperrten Weg am Waldhang hoch.

Über Sonnenhausen nach Filzen

Auf der Höhe verlassen wir den Wald und wandern im Rechtsbogen auf die Häuser von Sonnenhausen zu. Das erste Haus ist ein stattlicher Einfirsthof aus dem 18. Jahrhundert mit hübschen Fresken. Von hier können wir rechts zum

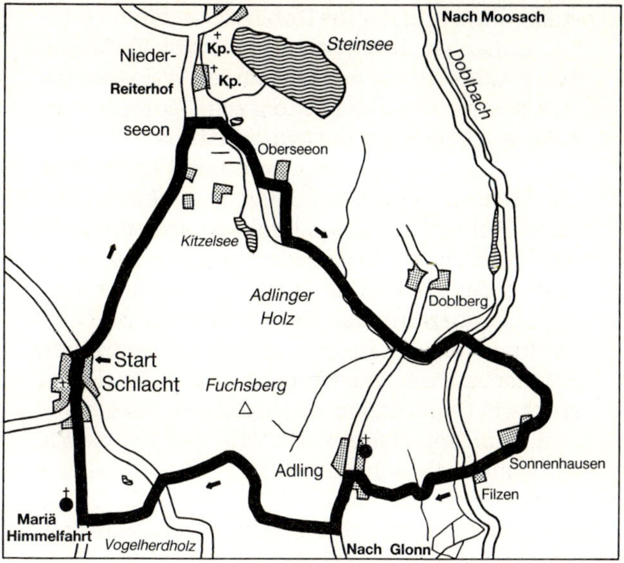

Gutshof hinübergehen, der auch ein Gestüt beherbergt. Das Gut ist eine große quadratische Anlage, an der Südseite abgeschlossen durch einen schmiedeeisernen Zaun mit einem großen Tor. Das Herrenhaus im neubarocken und Jugendstil mit Rundtürmen und zwei Giebelhäusern als Kopfbau wurde 1900 bis 1901 von Wilhelm Spannagel erbaut, vier Jahre später durch Friedrich von Thiersch erweitert. Nördlich auf der Anhöhe, am höchsten Punkt also, steht ein Pavillon aus dem Jahre 1910. Wir gehen westwärts, an der Einfahrt des Herrenhauses vorbei, auf den Waldrand zu. Hier nimmt uns ein steiler Pfad auf, der ins Doblbachtal hinunterleitet. Zunächst überqueren wir, nach Verlassen des Waldes, im Bereich Filzen ein Wiesenstück und das Fahrsträßchen Moosach–Glonn. Etwas links versetzt kommen wir an ein paar Waldinseln vorbei, die in sumpfigem Land liegen. Danach halten wir uns eine kurze Strecke links, um dann rechts über einen Grabenhügel anzusteigen. Nach einer Landstufe wandern wir nochmals aufwärts und nach Adling hinein. Das ist ein hübscher, ruhiger Ort mit dem Kirchlein St. Lambert am Südende, einem spätgotischen Quaderbau, der um 1500 entstanden ist. Davor steht ein Bauernhaus, ebenfalls aus Quadersteinen, aus den Jahren 1820/40. Die ehemalige Dorfschmiede geht auf das zweite Viertel des 19. Jahrhunderts zurück. Am Haus Nr. 14 bewundern wir die Hausfigur, einen barocken Gottvater aus dem 18. Jahrhundert. Das Haus Nr. 12 besitzt noch Bundwerkteile aus der Mitte des 19. Jahrhunderts. Diese Gebäude sind sehenswert und es lohnt sich, vom Weiterweg abzuzweigen, der südwärts auf der Dorfstraße zum Ort hinausführt.

Über den Fuchsberg zurück

Wir folgen dem Sträßchen in Richtung Glonn, bis wir bei erster Gelegenheit rechts, nach Westen, abzweigen können. Über einen Hügel gehen wir in die Talmulde und auf den Wald zu. Im Wegbogen schwenken wir rechts ab zum Waldeck und wandern den Hohlweg nordwärts hinauf. Dieser biegt nach links, westwärts. Im Wegdreieck halten wir uns nochmals links, wandern ein Stück aufwärts und dann südwestwärts bergab. Im Waldwinkel kommen wir über die Fahrstraße Schlacht–Glonn und überwinden im Wald erneut einen Buckel. Eine Abzweigung bringt uns rechts bergab. Bei einer Kreuzung gehen wir im spitzen Winkel wieder rechts und gleich nochmals rechts zum Waldrand hinaus, wo wir links auf ein Feldsträßchen stoßen. Es führt von Schlacht ins Vogelherdholz und dann weiter zur ehemaligen Wallfahrtskirche Mariä Himmelfahrt, einem romanischen Bau aus dem 12. Jahrhundert. Wir wandern dort rechts, also genau nordwärts, nach Schlacht zurück.

Wegstrecke: 10 km
Gehzeit: 2½ Stunden
Topographische Karten: 7937, 8037

16. Zum Schloß derer von Rechberg

Gemeindezugehörigkeit: Grafing
Ausgangsort: Grafing-Bahnhof

Zufahrt/Lage:

Die Stadt Grafing liegt nur 5 km südlich von Ebersberg in einer Landschaft, die schon in der Vorgeschichte besiedelt war und deren sanfte Hügel von fruchtbaren Ackerflächen, Wiesen und Wald bedeckt sind. In die Geschichte tritt der Ort ein, als 816 zur Zeit Karls des Großen die Kirchenweihe einer Siedlung von Lehensleuten des Grafen von Kling, genannt Öxing, erwähnt wird. Öxing ist im Stadtgebiet aufgegangen, war aber bis 1870 Pfarrsitz für Grafing. 1376 wurden Marktrechte verliehen. 1629 wird die Gemeinde als Forum benannt und erst 1953 zur Stadt erhoben. Im 17. und 18. Jahrhundert hatte der Ort unter Seuchen, Bränden und Naturkatastrophen zu leiden, auch unter Kriegen. In dieser Zeit wurde die Pfarrkirche wieder aufgebaut und die Marktkirche neu errichtet und mit Stuckarbeiten von Johann Baptist Zimmermann und Figuren von Johann Baptist Straub ausgeschmückt. Auch das neue Rathaus entstand um diese Zeit. Die Pfarrkirche ist dem heiligen Ägidius geweiht. In der Leonhardstraße steht noch die Kirche St. Leonhard, ein spätgotischer Bau aus der zweiten Hälfte des 13. Jahrhunderts. Am Marktplatz dominiert ein ehemaliger Adelssitz, der später Sitz der Hofmark Eisendorf war und dessen Bausubstanz in das Jahr 1616 zurückreichen soll. Heute zeigt sich das Gebäude in barockem, 1746 gestaltetem Glanz als Gasthof Wildbräu. Alt ist auch am Marktplatz der Gasthof Heckerbräu, nach 1632 entstanden und im Giebel 1766 erneuert. Die Hausfigur ist der heilige Georg. Heute nennt sich Grafing »Einkaufsstadt«. Die S-Bahn-Anbindung an München trägt dazu bei.

Verlauf der Wanderung: In den Dobel

Grafing-Bahnhof heißt die Siedlung, wo die Bahnlinie von München verzweigt, eine Verbindung führt nach Wasserburg, die andere nach Rosenheim. Am Bahnhof starten wir und gehen in südöstlicher Richtung am Gemeindehaus von Nettelkofen, das zu einem Weiler nördlich der Bahnhofsiedlung gehört. Zwei Gasthöfe gibt es am Bahnhof, den vom Weittenauer und den Mayr, und ein Pilsstüberl. Am Ende der Siedlung biegen wir rechts ab, passieren dort, wo sich die Bahnlinie verzweigt, die Unterführung, bewegen uns zwischen den Bahndämmen gleich wieder in der bisherigen Richtung, wandern an der Rosenheimer Linie entlang bis zur Fahrstraße und überqueren diese. Erneut kommen wir nach rechts zum Bahndamm und gehen daran entlang durch die Siedlung Schammach. Danach stoßen wir auf den Weiler Haidling. Vor den Gehöften biegen wir aber rechts in den Feldweg, um dann vor einer Feldscheune links, ostwärts, abzuzweigen und bis zum Wegdreieck weiterzugehen. Hier halten wir uns geradeaus und kommen auf dem Elkofener Weg zu einer der Ausfallstraßen von Grafing. Es geht ein paar Schritte rechts weiter. Bald zweigen wir aber links ab auf den Wald zu, der Dobel heißt.

Zum Schloß

Der Große Dobel nimmt uns auf. Der Weg verläuft neben einem Bachtal, dessen Quellwasser aus der Gegend zwischen Schammach und Haidling kommen und der Attel zufließen. Wo wir an den Rand einer Lichtung stoßen, können wir einen Abstecher nach rechts machen auf einen Hügel jenseits des Baches, auf dem eine Steinsäule steht: die gekrönte Himmelskönigin mit dem Jesuskind. Wir wandern aber am Rande des Bachtales und des Waldes weiter, bis wir bei einem Haus auf eine Fahrstraße stoßen. Dieser folgen wir nach links und kommen zur Schloßgaststätte. Der Waldhügel im Süden ist der sogenannte Schloßberg, ein frühmittelalterlicher Ringwall. Wir haben inzwischen das Schloß Unterelkofen erblickt, eine Höhenburganlage, die schon im 10. Jahrhundert entstanden sein soll, wenn man den Angaben des Schloßherrn glaubt, die aber offiziell auf das 11. Jahrhundert datiert ist. Bis 1383 wurde die Burg von den Elkofener Grafen und den Ebersberger Mönchen ausgebaut. Danach wurde das Schloß bis 1506 herzoglich-bayerisch. Spätgotisch ist die obere Burg mit dem Bergfried, sind Palas und Kemenate, Dürrnitzstock und Wehrgang. In der Zeit zwischen dem 14. und 16. Jahrhundert ist die Vorburg, 1516 die St.-Georgs-Kapelle entstanden und die Nebengebäude meist im 17.

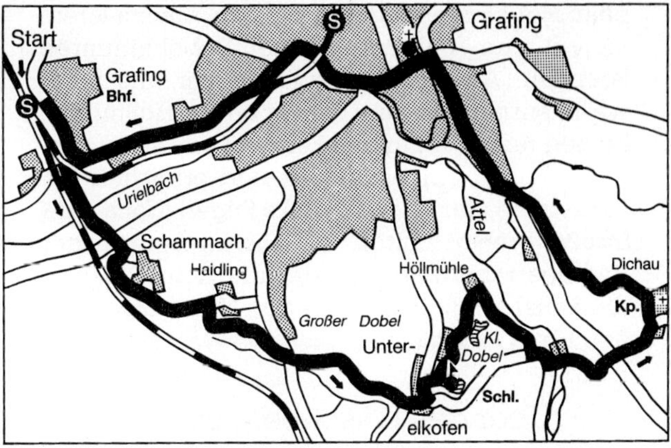

Jahrhundert. 1664 erfolgte ein weiterer Ausbau. Als die Grafen von Rechberg den Besitz übernahmen, kam es zu einem erneuten Umbau. Als dieser Zweig des Geschlechts ausstarb, verfiel die Burg. Aber 1871 wurde sie von Graf von Rechberg erworben und sie wird bis heute bewohnt. Neu gestaltet wurde die Anlage 1899 durch Gabriel von Seidl.

Durch den Kleinen Dobel und über die Attel

Wir können die Schloßauffahrt hinaufgehen, den Innenhof anschauen, dann hinuntersteigen zum Schloßweiher und von da den Hang im Osten erklimmen, wo wir auf die Fahrstraße stoßen. Ansonsten wandern wir zurück zur Schloßgaststätte, halten uns rechts und gleich nochmals rechts, um links im Taleinschnitt unter ein paar Häusern entlang weiter zu marschieren, bis wir zum Weiher im Kleinen Dobel hinunterkommen. An diesem bewegen wir uns nordwärts entlang bis zum Gehöft an der Höllmühle, biegen rechts ein in den Fahrweg, durchqueren noch einmal ein Waldstück und erreichen die Fahrstraße, der wir nach links folgen. Nach dem Straßengraben halten wir uns im Bereich der Baumgartenmühle links weg und kommen über die Kanal- und die Attelbrücke. Nun steigen wir den Hang hinauf.

Über den Gaschberg zurück

Ostwärts wandern wir aufwärts, und nach einem Wegbogen treffen wir auf die Fahrstraße Grafing–Straußdorf und überqueren sie in Richtung Dichau. Es geht immer noch hinauf. Am Ortsrand von Dichau halten wir uns links und biegen bei der Wegkreuzung erneut links ab. Nun bewegen wir uns unterhalb des Gaschbergs auf der Burgholzstraße leicht bergab. Wir kommen an einem Villengrundstück mit Park und Weiher vorbei. Bäume begleiten unseren Weg. Bei den Häusern am Hang steigen wir schräg hinunter zur Straußdorfer Straße. Auf dieser gehen wir ein paar Schritte weiter, um dann rechts in die Bergstraße abzuzweigen. Ihr folgen wir, zuletzt an der Attel entlang, bis wir in Höhe der Kirche links abbiegen. Rechts ist der Heckerkeller. Wir erreichen den Marktplatz, wandern auf der Bahnhofstraße halbrechts weiter, westwärts nun. Das Heimatmuseum steht hier. Nach den Bahngleisen macht die Straße in Höhe der Post einen Bogen nach links. Wir folgen nun in westlicher Richtung der Wasserburger Bahnlinie über der Niederung des Urielbachs. Hier findet sich die Prinz-Luitpold-Eiche. Nach dem Ortsende kommen wir noch an ein paar Gehöften vorbei, schwenken vor der Unterführung rechts ab, zurück in die Hauptstraße und sind bald am Ausgangspunkt.

Wegstrecke: 12 km
Gehzeit: 3 Stunden
Topographische Karte: 7937

17. Um die Seeoner Höhe zur Keltenschanze

Gemeindezugehörigkeit: Grafing
Ausgangsort: Grafing-Bahnhof

Zufahrt/Lage:

Die Stadt Grafing liegt in einem Talkessel, wo Uriel-, Wieshamer und Seeoner Bach zur Attel fließen. Das Land ist hügelig. Im Osten umschließen es weiträumig ausgedehnte Wälder. Die Moose in den Niederungen wurden weitgehend drainiert. Am östlichen Rand der Gemeinde verläuft die Bahnlinie München–Rosenheim, und mittendurch geht die Bahnverbindung München–Wasserburg, welche auch die Kreisstadt berührt. Von Ebersberg her sind es nur wenige Kilometer, die allerdings nur auf Nebenstraßen eine direkte Verbindung bieten, beispielsweise über Wiesham. Die Hauptverbindungsstraße ist eine Abzweigung von der Bundesstraße 304 zwischen Kirchseeon und Ebersberg.

Das Gebiet des Stadtteils Öxing, der bis 1933 eine selbständige Gemeinde war, war schon zur Zeit der Völkerwanderung bewohnt. In den Gräberfeldern aus dieser Zeit kamen reiche Funde zutage. Der Ortsname Grafing wird auf Graf Walter von Kling zurückgeführt. »Grapho« heißt angeblich: »zu den Leuten eines Grafen«. Besagter Graf besaß um 1100 hier Güter. Öxing dagegen wurde schon 813 in einer Urkunde erwähnt. 1164 war Grafing noch ein einfaches

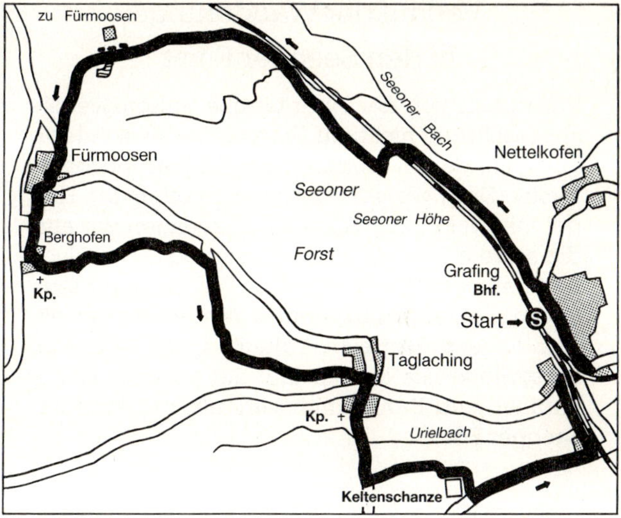

Dorf, hundert Jahre später bereits Markt. Es waren die Herzöge Stephan III. und Johann, welche 1376 dem Ort die Marktrechte verliehen. Um 1680 wurde die Dreifaltigkeitskirche in Grafing geweiht und im Rokokostil ausgestattet. Die Altäre stammen vom Hofbildhauer Johann Baptist Straub, die Deckengemälde vom Meister der Wieskirche Johann Baptist Zimmermann. Im Ort gibt es auch eine St.-Leonhards-Kirche, und hierher findet am letzten Sonntag im Oktober eine Leonhardifahrt statt. Die Pfarrkirche von Grafing ist dem heiligen Ägidius geweiht. Der Bahnhof liegt gut 1 km vom Ortszentrum entfernt. Hier beginnt unsere Wanderung.

Verlauf der Wanderung: In den Seeoner Forst

Wir gehen von der Hauptstraße in nordwestlicher Richtung nicht auf Nettelkofen zu, sondern am Bahndamm entlang im Tal des Seeoner Bachs. Dort, wo jenseits des Bachufers die Hügel mit Wald bewachsen sind, zweigen wir auf die andere Bahndammseite ab, nach links also, und bewegen uns in südlicher Richtung auf Taglaching zu, aber nur wenige Meter. Bei der ersten Gelegenheit schwenken wir rechts in die Forststraße, die am Auslauf der Seeoner Höhe parallel zum Bahndamm verläuft. Wir sind im Seeoner Forst.

Ins Rodungsgebiet von Fürmoosen

Hügelauf und -ab geht es in diesem Wald. Ein Bachlauf wird überquert. Es ist ein Zufluß zum Seeoner Bach. Dann steigt der Weg an. Auf der Höhe halten wir uns links, nun von der tief in die Hügel eingeschnittenen Bahnanlage weg, und bei einer Abzweigung wandern wir links zum Waldrand hinaus. Ein paar Waldinseln liegen noch linker Hand in den sumpfigen Niederungen verstreut. Absteigend erreichen wir Gehöfte und einige Weiher, die bereits zu Fürmoosen gehören. Nach den Weihern, bei einem Steinkreuz, biegen wir links, südwärts, ab und marschieren hinauf zum kleinen Ort Fürmoosen. Hier stoßen wir auf die Fahrstraße, gehen in den Ort hinein, ein Stück rechts hoch, am Maibaum vorbei und südwärts bergauf zum Ortsrand.

Auf dem Waldgrat ostwärts

Nach dem Ortsende biegt die Fahrstraße weg. Wir wandern geradeaus nach Berghofen hinunter. Im Ort halten wir uns links, zur kleinen Kapelle hin, gehen rechts durch das Gehöft Obermair, das im Jahre 1847 gebaut wurde, und links hinunter auf einen Hohlweg zu. Die kleine Kapelle von Berghofen bleibt rechts liegen. Im Wald halten wir uns ostwärts, erreichen nach einem stärkeren Gefälle den Waldrand, bleiben im Wald und bewegen uns links weiter, immer noch in östlicher Richtung, nun hügelauf und -ab in einem Waldstreifen, der einen Höhenrücken säumt. Diesem folgen wir.

Über Taglaching hinaus

Wir kommen zu einem Querweg und gehen ein paar Schritte rechts, um dann im Wegbogen nach links einem undeutlichen Weg zu folgen, der aufwärts zur Fahrstraße führt. Vor dieser Fahrstraße biegen wir rechts ab über einen kleinen Buckel und halten uns steil hinunter nach Süden. Unten steuern wir links zum Waldrand hin und wandern daran ein Stück südwärts, also rechts, an den Bäumen entlang. Vor uns beeindruckt das Panorama der Alpengipfel. Nun zweigt der Feldweg nach links auf eine Waldinsel zu, führt an dieser entlang und hinunter nach Taglaching.

Zur Keltenschanze

Im Ort biegen wir rechts in die Straße, die durch das obere Dorf führt, gehen geradeaus über die Kreuzung, vorbei am Ausflugsgasthof mit Biergarten, rechter Hand steht eine hübsche Kapelle, kommen zum Ortsende und hinunter in die Niederung des Urielbachs. Nach der Bachbrücke steigen wir wieder bergauf zum Waldrand. Hier treffen wir auf ein paar Häuser. Nach der Häusergruppe schwenken wir vor einem einzeln stehenden Haus links in den Waldweg ab. Ein Waldvorsprung wird durchquert. Dann wandern wir auf der Höhe ostwärts über dem Tal am Waldrand entlang bis kurz vor das Waldeck. Hier zweigt der Weg rechts in den Forst hinein. Wir biegen gleich links ab und umrunden jetzt die Keltenschanze, die am deutlichsten sichtbar ist, wenn unser Weg rechts am Graben der Schanze entlangführt, neben dem wir auch die Fahrstraße erreichen. Diese bringt uns ostwärts, also nach links, zur Bahnunterführung. Interessanter ist es, vor dieser Unterführung links abzuzweigen und am Bahndamm entlang zu gehen bis zur nächsten Unterführung. Hier müssen wir allerding auf jeden Fall auf die andere Seite, kommen durch zwei Unterführungen und biegen danach links in die Hauptstraße von Grafing-Bahnhof. An drei Wirtschaften vorbei, am Pilsstüberl, am Gasthof Weittenauer und am Gasthof Mayr, erreichen wir unseren Ausgangspunkt.

Wegstrecke: 14 km
Gehzeit: 3½ Stunden
Topographische Karte: 7937

18. Über die Höhen von Schauerach in die Katzenreuther Filze

Gemeindezugehörigkeit: Grafing
Ausgangsort: Straußdorf

Zufahrt/Lage:

Straußdorf liegt südlich von Ebersberg und der Muttergemeinde Grafing auf den Hügeln über dem östlichen Ufer der Attel. Die Verbindungsstraße Ebersberg–Aßling verläuft über Straußdorf. Die hügelige Landschaft gehört von der Struktur her in die Inn-/Chiemseezone. Verstreut, aber häufig sind Waldstücke. Feucht sind zum Teil die Niederungen. Filze sind allerdings weitgehend drainiert, Seen am Verlanden. Von den Höhen bietet sich ein großartiger Blick weit über die umliegenden Täler, aber auch auf das Alpenpanorama. Straußdorf ist ein bäuerlicher Ort, dessen Häuser sich um die katholische Pfarrkirche St. Johann Baptist gruppieren, die im Barockstil 1698 von Thomas Mayr gebaut wurde und die einen hübschen Hochaltar aus dem Jahre 1701 birgt. Am südlichen Ortsausgang steht die große Aschauersche Tavernwirtschaft und nördlich der Kirche der alte Pfarrhof aus dem 18. Jahrhundert, eine langgestreckte Einfirstanlage mit Flachdachsattel. Der Bauernhof daneben, Haus Nr. 8, ist mit einem Entstehungsdatum von 1830 versehen.

Verlauf der Wanderung: Über den Mohnhügel nach Pörsdorf

Von der südlichen Seite der Kirche aus gehen wir das Sträßchen »Am Hang« ostwärts hinauf und am Ortsrand gleich rechts weiter, noch bergan. Der Weiterweg führt uns am Rand der Hochebene über dem breiten Tal der Attel in südöstlicher Richtung. Wir steuern auf ein Waldstück zu, gelangen zwischen die Bäume, halten uns gleich bei der ersten, dann auch bei der zweiten und schließlich bei der dritten Wegabzweigung rechts, nun direkt nach Süden und kommen geradeaus zum Rand des bewaldeten Mohnhügels. Am Waldvorsprung wandern wir auf die Überlandleitung zu, gehen zum quer verlaufenden Feldweg und biegen hier links nach Osten ab. Zwischen zwei Waldstücken gelangen wir in das Tal des Schauerachgrabens. Im Rechtsbogen überqueren wir diesen Graben, bewegen uns nun südwärts auf einem Teerweg bergab über einen Hügel und bei einer Wegabzweigung geradeaus auf Pörsdorf zu, das zur Gemeinde Aßling gehört. In diesem Ort stehen noch ein paar alte Bauernhöfe: Haus Nr. 30 aus dem Jahre 1840, Haus Nr. 27, acht Jahre später gebaut, und Haus Nr. 22 aus dem ersten Viertel des 19. Jahrhunderts. Im Ort gehen wir nach links.

Auf die Höhen über Ast

Am Ortsende von Pörsdorf biegen wir rechts und gleich wieder links ab und wandern in östlicher Richtung auf der Steinkirchenstraße auf

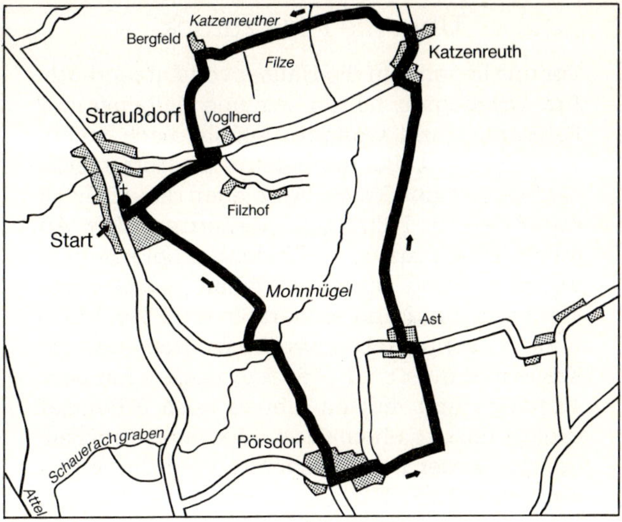

ein Waldstück zu. Auf halbem Wege zu dem Waldstück schwenken wir links weg und streben einem Hügel zu. Ein Feldkreuz steht hier unter einer großen Kastanie. Weiter geht es bergauf zum Weiler Ast. Wir biegen links in den Ort, wandern gleich rechts, in nördlicher Richtung, hinaus und steuern auf einem Panorama- und Höhenweg auf die Waldstücke zu. Weit reicht der Blick über die östlichen Höhen. Zwischen den Waldstücken sieht man dann links auf den Filzhof. Danach überqueren wir ein Waldstück.

Über die Filze zurück

Vor uns liegen nun die Häuser von Katzenreuth. Am Ortsbeginn halten wir uns halblinks zur Fahrstraße und wandern auf ihr nach rechts durch den Ort. Bei den letzten Häusern macht die Straße einen Knick. Wir biegen danach links ab in den für Fahrzeuge gesperrten Weg. An einem Feldkreuz unter Linden vorbei kommen wir zum Wald hinunter, gehen durch einen Waldvorsprung und abwärts in die Filze. Wald- und Wiesenparzellen wechseln sich hier ab. Kreuz und quer sind Gräben gezogen. Ein paar Torfwege und -hütten gibt es noch. Aber der größte Teil des ehemaligen Mooses ist trockengelegt. Dieser baumbesäumte Weg durch das Katzenreuther Filz ist besonders hübsch. Schließlich erreichen wir die Häuser am Bergfeld, steuern links auf ein Waldstück zu, das über Voglherd liegt, und gehen am Waldrand entlang, vorbei an einer Hütte, auf eine Höhe, die eine weite Aussicht bietet und vor allem einen schönen Blick in das Tal der Attel. Südwärts, nun vom Wald weg, kommen wir zur Fahrstraße nach Katzenreuth und folgen ihr ein paar Schritte links, um dann rechts auf den schräg auf Straußdorf hinunterverlaufenden Feldweg zu gelangen. Wir wandern direkt auf die Kirche zu und bei den Häusern am Hang zurück zum Ausgangspunkt.

Wegstrecke: 10 km
Gehzeit: 2½ Stunden
Topographische Karten: 7937, 7938

19. Spaziergang durch die Rodungsinsel

Gemeindezugehörigkeit: Hohenlinden

Ausgangsort: Hohenlinden

Zufahrt/Lage:

Die Gemeinde Hohenlinden liegt, umschlossen von Wald, 10 km nördlich von Ebersberg. Im Süden breitet sich der ausgedehnte Ebersberger Forst aus, im Osten das waldreiche Hügelland, das von der Isen durchflossen wird. Nur nach Nordwesten, auf das Tal der Sempt zu, ist das Land offener. Das Gebiet hier war der Schauplatz einer Schlacht im Napoleonischen Krieg. Als die Franzosen 1796 nach Süddeutschland und Österreich vorrückten, erreichten sie unter General Moreau München. Er schlug am 3. Dezember die nördliche österreichische Armee hier bei Hohenlinden.

Die älteste Siedlung auf dem Gemeindegebiet ist Kronacker, 768 in einer Urkunde genannt. Das nördlich an Hohenlinden anschließende Kaging mit Ober- und Niederkaging wird 896 erwähnt. Eine Schwaige bei der Linden ist im herzoglichen Urbar des Jahres 1280 aufgeführt. Der heutige Name geht auf Chunrad von Hohenlinden zurück. Die Gemeinde ist als Rodungssiedlung des Klosters Ebersberg entstanden. 1676 wurde sie unter Kurfürst Ferdinand Maria zur Hofmark erhoben. Illustre Gäste kehrten hier ein: 1777 Kaiser Joseph II. von Österreich,

1782 Papst Pius VI., 1787 Beethoven, 1814 die Kaiserin Elisabeth von Rußland, im gleichen Jahr Kaiser Franz Joseph von Österreich und Alexander von Rußland, 1832 König Ludwig I. Wer den Ort besucht, er liegt an der B 12 München–Passau, ist beeindruckt von den beiden nebeneinanderliegenden Kirchen: der Filialkirche Mariä Heimsuchung, einem spätgotischen Bau, 1489 von Ulrich Randeck geschaffen, und der Pfarrkirche St. Joseph, die im neugotischen Stil 1903 entstand und von Erzbischof Franz von Stein geweiht wurde.

Verlauf der Wanderung: Zur Hochstraße

Bei der alten Kirche in der Hauptstraße beginnen wir unsere Wanderung in südwestlicher Richtung in die Ebersberger Straße, die einen Bogen macht und unter einer Überlandleitung hindurch aus dem Ort und auf den Ebersberger Forst zuführt. Die Straße verläuft nun südwärts und in den Wald hinein. Zuvor zweigt eine Straße nach Stockach ab. Nach dieser Kreuzung biegen wir am Waldrand links ab auf einen Waldweg. Dieser führt ein paar Schritte parallel zum Rand in östlicher Richtung und bietet dann die Möglichkeit, rechts, in südlicher Richtung, abzuzweigen. Auf diesem Weg erreichen wir nun die Hochstraße. Sie verbindet die Ebersberger Straße mit dem Weiler Kreith, den wir nun ansteuern.

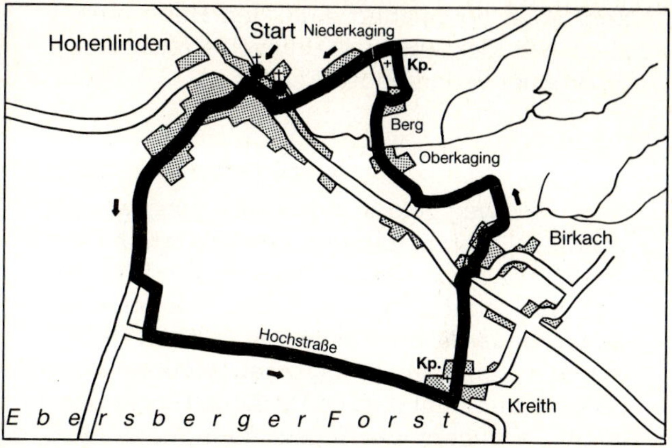

Über Birkach hinaus

Über das Fahrsträßchen verlassen wir den Forstbereich in östlicher Richtung und zwar bei einer Kiesgrube. Wir kommen an einzelnen Gehöften vorbei und an einer in einer Grube untergebrachten Kompressorstation. Danach erreichen wir den bäuerlichen Weiler Kreith mit der hübschen Ortskapelle, die aus dem 19. Jahrhundert stammt und ursprünglich vielleicht sogar älter ist. Beim Hinweisschild auf die B 12 schwenken wir links in den Weiler hinein, durchqueren ihn an der Kapelle vorbei und wandern nach den Häusern auf dem Feldweg weiter, direkt auf die B 12 zu. Nach Überschreitung der Bundesstraße sind wir im Weiler Birkach. Hier halten wir uns links, in nördlicher Richtung, und kommen nach dem letzten Haus auf einen Wiesenweg, der zwischen zwei Waldinseln, die dem Forst vorgelagert sind, den Hang hinaufzieht. An der linken Waldinsel erreichen wir einen quer verlaufenden Feldweg.

Zur Bergkapelle

Dem Feldweg folgen wir nach links, an der Waldinsel vorbei, hinunter zur Zufahrt, die von der B 12 nach Oberkaging hinaufführt. Hier steigen wir rechts in den Ort hinauf. Bei den alten Bauernhäusern der Gemeinde fällt ein Baustil auf, der sonst im Fränkischen verbreitet ist: breite Bauten mit flachen Dächern. Hinter Oberkaging wandern wir hinauf zum Weiler Berg und gehen zur bereits sichtbaren Bergkapelle nach dem Waldrand nördlich von Berg, von der aus sich eine hübsche Aussicht bietet. Wir können fast die gesamte Rodungsinsel von Hohenlinden überblicken. Die Kapelle im neugotischen Stil ist Mitte des 19. Jahrhunderts entstanden.

Zurück über Niederkaging

Von hier gehen wir zur Fahrstraße und halten uns auf dieser links, hinunter zum Weiler Niederkaging, den wir durchqueren. Wir kommen in das Bachtal hinunter und auf der Isener Straße nach Hohenlinden hinein. An der Einmündung zur Hauptstraße steht das Gasthaus Eicher. Wir biegen rechts ab und erreichen, an der neuen Kirche vorbei, die alte Kirche, unseren Ausgangspunkt. Es gibt im Ort noch zwei weitere Gasthäuser: das Gasthaus Zur Linde und das Gasthaus Zur Post.

Wegstrecke: 8 km
Gehzeit: 2 Stunden
Topographische Karten: 7837,7838

20. Zum Wirtshaus Diana im Ebersberger Forst

Gemeindezugehörigkeit: Kirchseeon
Ausgangsort: Kirchseeon

Zufahrt/Lage:

Ausgedehnte Wälder umrahmen die jüngste Gemeinde des Landkreises Ebersberg. Zwischen den Jahren 1804 und 1812 kamen Holzfäller aus dem Bayerischen Wald und aus Tirol und ließen sich hier am Rande des Ebersberger Forstes nieder. Zwischen dem Spannleitenberg und der alten Gemeinde Eglharting entstand damals eine Siedlung. Als die Bahnlinie München–Rosenheim gebaut wurde, wurde am Rande des Dorfes Kirchseeon, das seinerzeit zu Ebersberg gehörte, ein Bahnhof eingerichtet. Um den Holzreichtum der umliegenden Wälder zu nutzen, legte die Eisenbahnverwaltung hier eine Imprägnieranstalt für Eisenbahnschwellen an. Damit wuchs die Zahl der Einwohner des Dorfes, aber in Maßen. Erst als in den Jahren 1889 bis 1891 die Raupen des Nonnenschmetterlings 2800 ha des Ebersberger Forstes kahl fraßen, als fast 8000 Arbeiter die geschädigten Bäume fällen mußten und als der Ort wegen des guten Bahnanschlusses zum Zentrum des Holztransportes wurde, stieg die Einwohnerzahl erheblich. In den Jahren 1910/11 kam es zu einem wirtschaftlichen Niedergang durch den Konkurs mehrerer privater Sägewerke, die ihre Arbeiter entlassen mußten. Die Einwohnerzahl

sank von fast 1000 auf nur 200. Nach dem Ersten Weltkrieg kamen neue Betriebe mit neuen Arbeitsmöglichkeiten. Durch Umbenennung und Vergrößerung der alten Gemeinde Eglharting wurde am 1. April 1939 die Landgemeinde Kirchseeon gegründet. Nach dem Zweiten Weltkrieg begann diese weiter zu florieren, und am 11. Juli 1959 wurde Kirchseeon Markt; auch wenn bald darauf das Schwellenwerk der Bundesbahn aufgelassen wurde.
Auf einem Hügel östlich des Ortszentrums steht die romanische Colomanskirche als Zeugnis dafür, daß die Gegend uralter Kulturboden ist und daß die Stammsiedlung von Kirchseeon eine mehr als tausendjährige Geschichte hat. Zahlreich sind hier Hügelgräber aus der Hallstattzeit und keltische Funde. Und die ersten urkundlichen Quellen stammen aus der Karolingerzeit. In den folgenden Jahrhunderten unterhielten Mönche aus Ebersberg hier ein Herrenhaus, in dem der neulateinische Dichter Jakob Balde einige Oden verfaßte.
Der See, von dem Kirchseeon seinen Namen hat, ist längst trockengelegt und auf seinem Grund stehen heute die Häuser von Kirchseeon-Moos.

Verlauf der Wanderung: Ins Schilcher-Geräumt

Vom Bahnhof Kirchseeon gehen wir westwärts auf der Fritz-Litzlfelder-Straße, also links, und dann in Fortsetzung weiter auf der Koloniestraße, bis wir kurz vor einer Unterführung rechts in die Waldbahn einbiegen. Nun wandern wir nordwärts und geradeaus über die

Bundesstraße 304. Am Nonnenplatz kommen wir in den Ebersberger Forst. Im Bogen passieren wir das Wildgatter auf einer breiten Forststraße zwischen Kling-Geräumt und Schilcher-Geräumt. Wir kommen an einem Sportplatz vorbei. Bei Forst XII 30, eine Bank steht hier, gehen wir geradeaus über die Kreuzung. Von rechts stößt im spitzen Winkel ein Weg her, auf dem wir nordwärts weitergehen. Es ist das Schilcher-Geräumt.

»Diana« im Reitöster-Geräumt

Auf dem Weiterweg kreuzen wir das Moosmüller-Geräumt und einen Reitweg. Bei der nächsten Kreuzung biegen wir rechts ab in das Reitöster-Geräumt. Links geht es nach Ingelsberg. Auf unserem Weg könnten wir Ebersberg und die Eggelburger Seen erreichen. Wir wandern ostwärts, wieder schnurgerade, über das Oberndorf-Geräumt, nun leicht bergauf. Bei einer Lichtung kommen wir zum Haus Diana. Montag, Dienstag und Mittwoch ist Ruhetag, sonst lädt es zur Einkehr. Im Sommer kann man auch im Freien sitzen, ein Pavillon erlaubt dies sogar bei Regen.

Über die Höhen überm Kirchholz

Nach dem Haus Diana gehen wir über die Kreuzung des Törring-Geräumt. Danach schwenken wir rechts in einen undeutlichen Waldweg ab, der uns in südsüdöstlicher Richtung führt. Ein Stück bewegen wir uns dabei, ohne abzuzweigen, auch auf einem Reitweg. Dann treffen wir

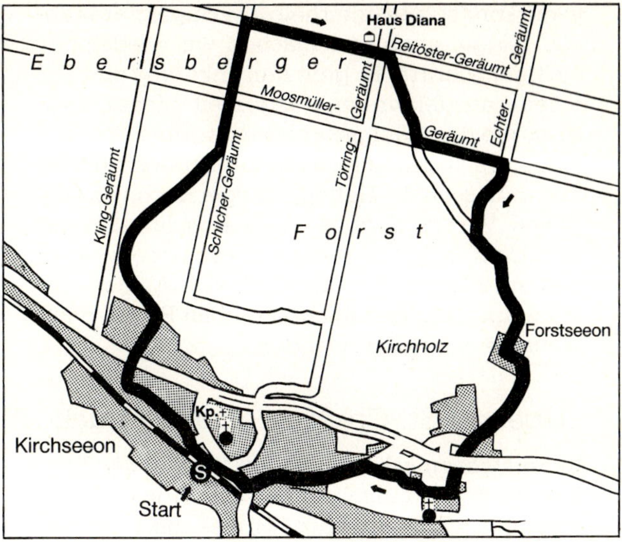

auf eine Forststraße, es ist das Moosmüller-Geräumt, und biegen in diese links ein. Die nächste, sehr undeutliche Kreuzung bildet das Dillig-Geräumt. Wir wandern aber geradeaus weiter und bergauf, vorbei an mehreren Wegabzweigungen. Nach dem Anstieg, beim Blick zurück sieht man die Steigung deutlich, gehen wir bei der nächsten Kreuzung rechts ab. Es ist, wenn auch nicht bezeichnet, das Echter-Geräumt. Dem folgen wir rechts, also wieder südwärts. Über eine Anhöhe kommen wir vor der nächsten Forststraße, dem Mauerer-Geräumt, durch eine Mulde, biegen hier links ab und bewegen uns ein paar Schritte aufwärts, um dann rechts in die Forststraße unterhalb des Hügelgrates abzuzweigen, auch hier machen wir wieder nur ein paar Schritte. Es geht nun links weg und auf einem ausgefahreren Weg steil hinauf zum Grat, wo das Wildgatter verläuft. Über die Gattertreppen kommen wir hinunter zum Waldrand und verlassen die Höhen, die vom Kirchholz ausgehen. Vor uns liegt ein Fischteich, linker Hand eine kleine Kapelle mit einer Bank. Wir bewegen uns ein Stück rechts am Rand des Waldes entlang, um dann abzubiegen und im Bogen nach Forstseeon hineinzuwandern.

Über die St.-Coloman-Straße zurück

In Forstseeon schwenken wir links in die Teerstraße und kommen am Perschthof vorbei, der erstmals 1328 erwähnt wurde und in der Zwischenzeit zahlreiche Umbauten erfahren mußte. Er ist aber immer noch hübsch und stattlich anzusehen. Im Rechtsbogen gehen wir auf der Fahrstraße aus dem Ort und hinunter zu den ersten Häusern von Kirchseeon. In Kirchseeon-Dorf findet sich rechter Hand die Stiftung des Berufsbildungswerkes. Wir überqueren die Dorfstraße beim Gasthof Eisenschmid, wandern auf der Osterseeoner Straße unter der B 304 hindurch und biegen rechts in die St.-Coloman-Straße. Westwärts geht es nun am Colomanskirchlein vorbei. Vor dem Autohaus halten wir uns links, treffen auf die Wasserburger Straße und bewegen uns erneut links auf dieser Allee unterhalb der Villenhügel von Kirchseeon entlang. Vorbei am Bahnübergang und am Café Mahagoni erreichen wir den Marktplatz. Hier steht der ehemalige Gasthof Post. Beim Kriegerdenkmal schwenken wir links ab und kommen, vorbei am Alten Wirt und am Bahnhof, zurück zum Ausgangspunkt.

Wegstrecke: 12 km
Gehzeit: 3 Stunden
Topographische Karte: 7937

21. Über den Kollmannsbrunnberg

Gemeindezugehörigkeit: Kirchseeon

Ausgangsort: Kirchseeon

Zufahrt/Lage:

Die junge Gemeinde Kirchseeon an der Bundesstraße 304 und an der Bahnlinie München–Rosenheim ist von Wald umgeben. Nach Norden breitet sich der Ebersberger Forst aus. Hier kann man viele Kilometer gehen, ohne ein Haus, einen Weiler oder eine Ortschaft zu finden. Auch nach Süden und Südwesten bedecken ausgedehnte Wälder das hügelige Land. Immerhin sind 34 % der Fläche des gesamten Landkreises mit Wald bedeckt und die meisten Forstbestände gibt es hier im westlichen Teil. Allerdings sind noch 58 % der Kreisfläche landwirtschaftlich genutzt und 6,5 % besiedelt. 20 % des Landkreises sind als Landschaftsschutzgebiet ausgewiesen, davon 75 qkm im Ebersberger Forst, der insgesamt 90 qkm umfaßt. Im Bereich von Kirchseeon gab es ursprünglich Eichen- und Hainbuchenwälder. Aber die Streunutzung des Laubes im 17. und 18. Jahrhundert hat den Boden verarmen lassen. Die nach 1800 einsetzende Fichtenbepflanzung als Monokultur war letztlich, wie sich heute erweist, dem Boden auch nicht zuträglich. In den Jahren 1878 und 1894 schädigten gewaltige Stürme die Waldbestände, und der Befall mit Raupen des Nonnenschmetterlings in den Jahren 1889 bis 1891 trug

dazu bei, daß fast die Hälfte des Waldes zerstört wurde. Heute versucht man, durch Mischwaldaufforstung auf biologische Weise Nachteile und Schäden zu bekämpfen.
Naturnah und unberührt geblieben ist wenig. Es sind 2 bis 3 % der Landkreisfläche als Biotope ausgewiesen, zum Beispiel Feuchtgebiete in Toteiskesseln. Im Bereich des Marktes Kirchseeon gibt es das Landschaftsschutzgebiet Endmoränenzug mit einer Größe von 3,29 qkm. Dabei handelt es sich um einen Moränenwall aus der Würmeiszeit, der durch seine markante Geländeform das Landschaftsbild beherrscht. Dieser Endmoränenzug bildet die nördliche Grenze des Naturraumes Inn-/Chiemseehügelland zur Münchner Schotterebene. Da in diesem Landschaftsschutzgebiet die unterschiedlichsten Bäume wachsen, ist es besonders reich an zum Teil seltenen Vogelarten. Viele eingelagerte Toteiskessel in unterschiedlichen Verlandungsstadien unterstreichen die ökologische Bedeutung des Endmoränenzugs. Zu den Naturdenkmälern im Grenzbereich der Gemeinde Kirchseeon-Moosach gehört die Maximilianseiche – bis vor wenigen Jahren eine Baumleiche von gewaltigem Umfang, die aber so morsch geworden war, daß man sie aus Sicherheitsgründen fällen mußte.

Verlauf der Wanderung: Nach Ilching hinaus

Wenn man vom Bahnhof Kirchseeon nach Südosten geht, erreicht man beim »Brückenwirt« den Platz an der Brücke, und hier gibt es eine Eisenbahnüberführung. Von dieser Überführung aus kann man gut den Wasserturm im Bahnhofsgelände sehen, der 1895 von der Firma Held & Franke, München, in Stahlbetonskelettbauweise errichtet wurde. Am Bahnhof steht auch das ehemalige Betriebsgebäude der Kirchseeoner Schwellenfabrik, die ebenfalls 1895 entstand. Die Entstehung verdankt sie der Nonnenfalterkatastrophe, die damals 2800 ha Wald vernichtete. Zum Fällen der geschädigten Bäume mußten seinerzeit 8000 Arbeiter eingesetzt werden. Ein Teil des Holzes wurde gleich an Ort und Stelle verwertet. Wir gehen also über die Bahngleise und wandern gleich rechts den Fußweg am Bahnhof hinunter. Er führt im Bogen zum Waldrand. Hier halten wir uns rechts und gehen auf einem Teerweg weiter, der bald zu einer Forststraße wird und westwärts in den Wald hineinbiegt. Der Hangweg steigt leicht an. Bei einem Wegdreieck halten wir uns rechts, marschieren nun wieder bergab und kommen auf ein Sträßchen. Hier gehen wir links und aus dem Wald hinaus. Nach wenigen hundert Metern ist der Weiler Ilching erreicht. Die Kapelle, die hier auffällt, stammt aus dem Ende des 19. Jahrhunderts. Sie bleibt rechts liegen, ebenso wie der Weiher dahinter und der Maibaum. Wir biegen links in die Straße, die nach Buch führt.

Zum Ortsteil Buch

Von Ilching aus erreichen wir den Rand des Ilchinger Holzes und wandern ein Stück in westlicher Richtung daran entlang, um dann in die Straße von Eglharting nach links, nach Süden,

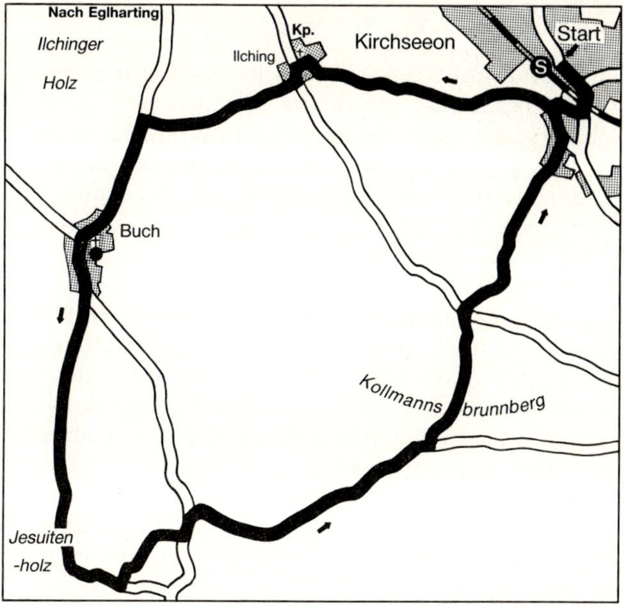

einzubiegen. Der kleine Ort Buch ist bald erreicht. Zur Einkehr lädt das Samstag und Sonntag geöffnete Schützenheim, das den ganzen Tag warme Speisen, darunter zahlreiche Schmankerl, bietet. Der Barockbau der Kirche St. Peter aus dem Jahre 1687 bleibt links liegen, während wir die südliche Richtung beibehalten. Am Ortsende zweigen wir rechts von der Straße weg in den Feldweg, der zum Wald hochzieht.

Zur toten Eiche

Im Wald geht es erst ein Stück bergab, dann ebener und immer geradeaus. Wir übersehen also die Links- und Rechtsabzweigungen, bis sich der Weg teilt. Wir wandern links weiter, immer noch in südlicher Richtung, bis wir im Jesuitenholz ins Tal und zu einer Forststraße hinunterkommen. Diese überqueren wir geradeaus und biegen links hinaus zum Waldrand. Gingen wir weiter, kämen wir nach Schattenhofen. Wir halten uns aber links und wandern am Waldrand entlang, wo wir auf einen Forstweg stoßen, dem wir nach rechts, immer noch am Waldrand, folgen. Vor einer Vorfahrtsstraße gehen wir links weiter und erreichen schließlich am Waldrand die Hauptstraße Moosach–Buch. Ihr folgen wir ein paar Schritte nach links, nach Norden. Rechts im Wald, zwei Bänke stehen hier, liegt die gefällte Eiche, die als Maximilianseiche ein Naturdenkmal war. Noch die Trümmer dieses Baumes sind gewaltig.

Zum Kollmannsbrunnberg

Im Wald zweigen wir von der Fahrstraße rechts weg in einen Teerweg, der ein Stück Wald abschneidet, zum Rand hinausführt, in die Waldbucht leitet und einen Waldstreifen durchquert. Übers freie Feld schließlich, hinter einer Überlandleitung und bei einer Wegspinne, läßt uns dieser Weg wieder den Wald erreichen, am südlichen Ausläufer des Kollmannsbrunnberges.

Überm Tal zurück

Wir gehen ein Stück geradeaus weiter, um dann gleich links in den Waldweg zu schwenken, der am Hangfuß erst nordöstlich, dann nördlich durch den Forst führt. Bei der ersten Abzweigung halten wir uns links, bei der zweiten rechts. Schließlich kommen wir zum linken Rand einer ehemaligen Kiesgrube. Hier wandern wir ein Stück links hoch und bewegen uns bei einer Abzweigung rechts bergauf, um nach wenigen Metern rechts abzubiegen. Am Hang treffen wir auf einen Jägerstand und marschieren von hier hinunter zum Weg, der am Hangfuß im Tal neben einer großen Schneise nach Norden führt. Bei einer Gabelung nehmen wir den linken Weg; der rechte würde auf das parallel verlaufende Fahrsträßchen führen. Bald sind die ersten Häuser von Kirchseeon erreicht, wo wir rechts hinüber zur Moosacher Straße und links zurück zum Bahnübergang gehen.

Wegstrecke: 12 km
Gehzeit: 3 Stunden
Topographische Karte: 7937

22. Ins Tal der Sempt

Gemeindezugehörigkeit: Markt Schwaben

Ausgangsort: Markt Schwaben

Zufahrt/Lage:

Der Markt an der Bahnlinie München–Landshut liegt an der nördlichen Landkreisgrenze und über dem Tal der Sempt, die bei Anzing am Nordrand des Ebersberger Forstes entspringt, den Mittleren Isarkanal kreuzt, sich in der Nähe von Moosburg mit dem Strogen vereinigt und in die Isar fließt. Moose begleiten den Flußlauf im Bereich von Markt Schwaben. Das abwechslungsreiche Hügelland ringsum war schon früh besiedelt. Funde aus der La-Tène-Zeit beweisen es. Im 7. Jahrhundert gab es hier einen bajuwarischen Einzelhof. Gefunden wurden auch merowingische Reihengräber und ein Tuffplattengrab. Ein Hartnit Schwab ist 1046/48 als Zeuge in einer Klosterurkunde erwähnt. Um 1100 schenkte eine adlige Familie eine Mühle, Apud Swaben, den Ebersberger Mönchen. Das Hofgut Suabun gehörte wohl zunächst den Grafen von Ebersberg. Danach ging es in den Besitz der Grafen von Limburg-Wasserburg. Deren Nachfolger wurden die Wittelsbacher. Das war 1249. Schwaben wurde Sitz eines Kastenamtes und Pflegegerichts. Über dem Kirchweiher ließ Herzog Ludwig der Strenge im Jahre 1283 eine Wasserburg bauen. Kaiser Ludwig der Bayer verlieh 1310 dem Ort die Marktrechte. Im Dreißigjährigen Krieg litt die Burganlage. 1660 ließ

Maria Anna, die Witwe des Kurfürsten Maximilian I., ein Schloß mit Magdalenenkapelle, Verwaltungsräumen und Wohnungen anstelle der Burg errichten. 1811 wurde der Sitz des Pflegegerichtes Markt Schwaben vom Schloß nach Ebersberg verlegt. 1972 wurde das alte Schloß beim Bau des neuen Rathauses abgerissen. Die Burggräben wurden aufgefüllt. Ein Kleinod ist dagegen heute noch die nahe Pfarrkirche St. Margaretha. Sie wurde in den Jahren 1669 bis 1672 vom Schlierseer Maurermeister und Stukkateur Georg Zwerger gebaut. Die kleine Margarethen-Figur in der Kirche stammt aus dem 15. Jahrhundert.

Verlauf der Wanderung: Zu den Fischweihern

Wir beginnen unsere Wanderung am Schloßplatz. Hier steht das Rathaus anstelle der ehemaligen Burg. Nur der 1860 in gotisierender Form entstandene Südtrakt ist erhalten. Wir gehen aus der Herzog-Ludwig-Straße, vorbei an der barocken Kirche St. Margaretha, in die Erdinger Straße, halten uns also links und ostwärts. Originell ist das Haus Nr. 9 mit dem hübschen Erker und den gotisierenden Elementen vom Ende des 19. Jahrhunderts. Bei der Straßengabelung biegen wir rechts hinunter in Richtung Pastetten-Ising. Auf dem Fußweg, Bänke säumen ihn, kommen wir auf der Isener Straße zu den Häusern an der Paulimühle. Bei der Semptbrücke steht eine kleine Kapelle und gegenüber die Mühle. Wir überqueren die Flußbrücke und danach eine Grabenbrücke. Rechter Hand findet sich in den Semptniederungen eine ganze Reihe von Fischteichen. Am linken Flußufer, also vor unserer Brücke, breitet sich nach Süden das Schwabner Moos aus.

Zum Wildschweingehege

Bei den Häusern von Herdweg biegen wir rechts in die Fichtenstraße. Sie führt südwärts zwischen den Fischweihern zum Ufer der Sempt und zu einem Waldstück zwischen den beiden Semptarmen. Der eine Bachlauf, den wir schon überquert haben, kommt von Anzing, der andere entspringt in einem Quellgebiet südlich des Weilers Sempt auf Forstinning zu. Hier verlief übrigens die Römerstraße, von der noch Spuren zu finden sind. Kleine Häuser stehen links und rechts des Weges. Beim letzten Haus erreichen wir den Waldrand und das Semptufer, stoßen schließlich auf ein Privatgrundstück, hier führt eine Brücke über den linken Semptarm, gehen entgegengesetzt auf den Waldrand zu, zweigen im Wald gleich rechts ab und wandern parallel zum Rand in südlicher Richtung. Der Weg biegt dann bei einem Waldvorsprung schräg durch den Streifen und führt, vorbei an Wildschweingehegen, zum rechten Semptarm.

Zur Köppelmühle

Über zwei Brücken kommen wir durch das Gehöft der Wagmühle, auch hier gibt es Fischteiche, erreichen ein Fahrsträßchen, das nach Forstinning führt, und bewegen uns auf diesem südwärts, am Möselschneider vorbei, bis

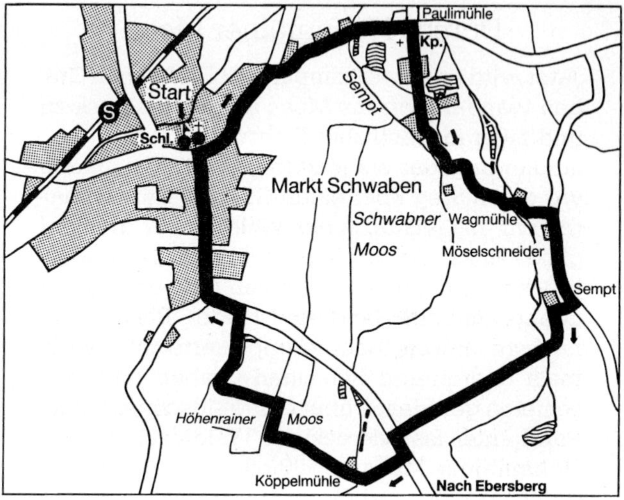

in Höhe des Gehöfts Sempt (Ortsschild). Nun schwenken wir nach rechts, westwärts, auf das Gehöft zu, zweigen vor dem Bachlauf links weg und gehen bei einem weiteren Gehöft rechts über die Bachbrücke. Eine Birkenallee nimmt uns auf. Sie kreuzt die einstige Römerstraße. Unsere Richtung ist Westsüdwest. Nach ein paar hundert Metern stoßen wir auf die Fahrstraße von Ebersberg her. Ein paar Schritte halten wir uns auf ihr links, südwärts, und bei der Überlandleitung schwenken wir rechts in den Feldweg. Er bringt uns zum Grundstück, in dem die Köppelmühle recht romantisch zwischen Fischteichen steht.

Durchs Höhenrainer Moos

Jetzt wird es etwas kompliziert! Über einen Graben wandern wir ins Moos auf ein Waldeck zu und zwar in westlicher Richtung. Bei der Überlandleitung, der wir jetzt folgen müssen, finden wir einen Steg über einen Graben. Danach halten wir uns rechts, in den Wald hinein, und hier gleich links, wo wir erneut über eine Grabenbrücke kommen und an einem Graben entlang gehen. Rechter Hand sind Felder. Bald ist die nächste Busch-/Baumgruppe erreicht. Nochmals überqueren wir einen Graben und marschieren geradeaus über eine Feldschneise zum Rand einer fast viereckigen Waldinsel, die das Höhenrainer Moos beschließt, das wir gerade durchwandert haben. Danach kommen wir nochmals über einen Graben, steuern nun rechts, nordwärts, das Ende des Waldstücks an und erreichen auf dem Dianaweg wieder, die Ebersberger Straße, in die wir zunächst links einbiegen.

Über den Marktplatz zurück

Wir marschieren rechts nach Markt Schwaben hinein, genau nach Norden. Wir kommen an der Schweiger-Brauerei und an den Bräustuben (Samstag Ruhetag) vorbei. Dann stoßen wir auf den Marktplatz. Hier stehen der Oberbräu und der Unterbräu, ein Barockbau mit hübschen Erkern und einem schönen Portal. Der Gasthof Post gegenüber ist ebenfalls recht stattlich. Er stammt im Kern aus dem 17./18. Jahrhundert. Endlich erreichen wir die Herzog-Ludwig-

Straße, in der ein gewaltiger Wasserturm steht. Er stammt aus der zweiten Hälfte des 19. Jahrhunderts und sieht aus wie der Bergfried einer Burg. Am Schloßplatz schließt sich unsere Runde.

Wegstrecke: 8 km
Gehzeit: 2 Stunden
Topographische Karte: 7837

23. Von der Wallfahrtskirche zum Schloß Falkenberg

Gemeindezugehörigkeit: Moosach

Ausgangsort: Altenburg

Zufahrt/Lage:

Die Gemeinde Moosach liegt in einem weiten Talkessel südwestlich von Ebersberg. Bewaldete Hügel, in die sich tiefe Täler gegraben haben, umschließen den Ort. Das Flüßchen Moosach, das westlich des Ortszentrums entspringt, hat einen solchen tiefen Graben geschaffen, aber auch der Doblbach, der von Süden herkommt und mit der Moosach ostwärts abfließt. Hinter einem Hügel im Südwesten liegt der naturgeschützte Steinsee und in der Gemarkung Niederseeon finden sich einige weitere Seen.
Im Westen von Moosach erhebt sich auf einer Anhöhe die Wallfahrtskirche Mariä Himmelfahrt von Altenburg. Seit dem 15. Jahrhundert ist die Marienwallfahrt hier berühmt. 1710 und 1711 wurde die Kirche barock umgestaltet und hat seit dieser Zeit schönen Stuck und Deckenbilder aus der Freisinger Schule im Innern. Die Landschaft ringsum beeindruckt durch ihre Schönheit. Herrlich ist auch der Stationenweg an der Auffahrt zur Kirche. Östlich von Moosach steht ebenfalls auf einer Anhöhe das Schloß Falkenberg, das auf älterer Grundlage in der ersten Hälfte des 19. Jahrhunderts gebaut wurde. Eine breite Allee führt zum Schloß. Und der nahe

Schloßgasthof hoch über dem Tal der Moosach lädt zur Einkehr.
In Moosach selbst lohnt der Besuch der Pfarrkirche St. Bartholomäus. Ein Vorgängerbau stand schon 1405 hier. Die heutige Barockanlage wurde 1777 von Franz Anton Kirchgrabner geschaffen. Im Friedhof finden sich hübsche gußeiserne Grabkreuze aus dem 19. Jahrhundert und ein Bildstock aus dem 18. Jahrhundert. Nach Moosach führte sogar einmal eine Bahnlinie. Der alte Bahnhof aus dem Jahre 1900, ein hölzerner Bau, steht noch.

Verlauf der Wanderung: Zum Steinsee

Vom Parkplatz der Wallfahrtskirche gehen wir auf dem breiten Forstweg südwärts. Das Teersträßchen bringt uns in den Wald hinauf. Bei einer Kreuzung haben wir den höchsten Punkt erreicht. Nun geht es ein Stück eben und dann allmählich hinunter zwischen Tegernseer und Moosacher Holz zu einem Fahrsträßchen, das von Esterndorf herkommt. Hier an der Kreuzung befindet sich die Forstdienststelle Niederseeon. Wir bewegen uns ein paar Schritte nach rechts, um dann links in den Bereich des Steinsees abzubiegen. Man kann den See südlich umrunden. Der Uferbereich ist aber vom 1. April bis 31. Oktober gesperrt. Die strengen Naturschutzbestimmungen drohen DM 20000,– Strafe bei Zuwiderhandlung an. Es führt aber vom Seeufer rechts ein Pfad außerhalb dieses Areals weiter, der sich nach einer Holzbohlenbrücke verliert. Man läuft dann am besten rechts hinauf durch die Koppeln zum Feldweg, der oberhalb des Sees in Ost-West-Richtung verläuft. Der einfachere Weg führt am Nordufer des Sees entlang, vorbei am Bad. In beiden Fällen stößt man auf den Verbindungsweg nach Oberseeon, der am Ostufer des Sees herunterkommt.

Über dem Doblbachtal

Wer vom Nordufer kommt, geht rechts weiter bis zum Waldrand. Wer vom Südufer kommt, stößt hier am Waldrand auf den Forstweg, der ostwärts, zunächst in Waldrandnähe, und dann ins Holz hineinführt. Bei einem Wegdreieck halten wir uns links und wenden uns nach ein paar Schritten, bei einer Abzweigung, erneut links aus der östlichen Richtung in die nördliche. Wir wandern nun auf der Forststraße hoch über dem tief eingeschnittenen Doblbachtal, bis dieser Weg steil zu einem Fahrsträßchen hinunterzieht. Auf diesem gehen wir weiter, überqueren nach einer Straßenabzweigung die Brücke des Griesbächls und biegen vor dem Ortsschild Moosach und den ersten Häusern gleich rechts in den Wiesenweg ab.

Zum Schloß

Hier kommen wir an einer Heimgartenanlage vorbei und erreichen bei ein paar Häusern eine Vorfahrtsstraße, der wir ein paar Schritte links auf Moosach zu folgen, um bald rechts in die Einbahnstraße abzuzweigen. Das ist die Bahnhofstraße, die über die Moosachbrücke führt und am Bach entlang erst ostwärts, dann nord-

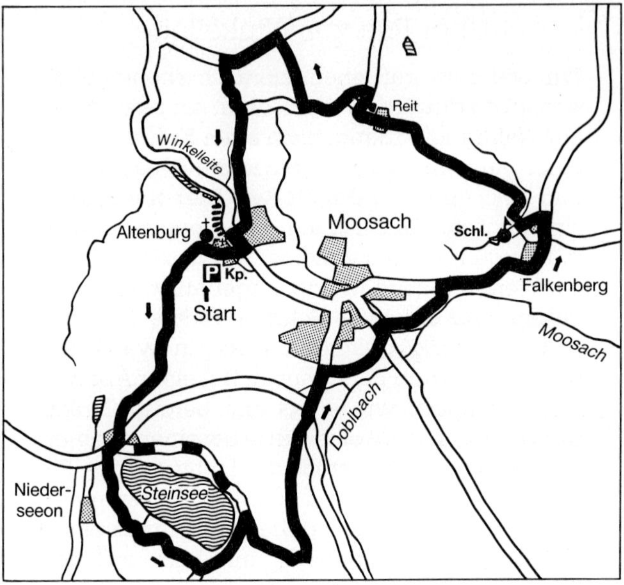

ostwärts leitet, vorbei am alten Bahnhof. Bei einem stattlichen Haus biegen wir rechts in die Fahrstraße, wandern am Säge- und Hobelwerk Oswald vorbei, um dann links nach Falkenberg hinauf zu steigen. Nach einem großen Straßenbogen, bereits auf der Höhe, kommen wir an der Schloßwirtschaft vorbei, in der sich zünftig einkehren läßt. Weiter geht es dann bis zur Allee, die uns nach links zum Schloß bringt. Vor dem Schloß steigen wir noch einmal aufwärts und zwar rechts eine Hangstraße hoch, vorbei an ein paar einzeln stehenden Häusern, bis zum Rand des Waldes auf der Höhe.

Über Reit zur Winkelleite

Wir wandern auf einem ziemlich ebenen Teersträßchen durch den Wald, dann ein paar Meter am Waldrand entlang, nach einer Kreuzung mit einer Bank im Rechtsbogen in die Wiesenhügel und links nun zum Gehöft Reit. Hier oben bietet sich ein schöner Blick auf das Alpenpanorama. Weiter geht es zum Waldrand hinunter, wo auch ein Weiher in eine Mulde eingebettet liegt. Wir halten uns ein paar Schritte rechts bis zum Waldspitz und gelangen links, in westlicher Richtung, in den Forst hinein. Bei einer Abzweigung wandern wir rechts und bergab. Linker Hand liegt im Wald eine Hütte bei einem kleinen Weiher. Von rechts stößt die Lichtung des Rodungsgeländes von Deinhofen vor. Wir kommen auf ein Fahrsträßchen, gehen links durch einen Waldstreifen und danach, mit Blick auf den Schartlhof, erneut links dem Wald zu, also in südlicher Richtung. Wir überwinden einen Bukkel und biegen nun bei einer Abzweigung links weg. Bergab führt unser Weg neben einer beginnenden und immer tiefer werdenden Schlucht, bis wir wieder an der Winkelleite den Waldrand erreichen. Hoch am Hang stehen ein paar Häuser. Geradeaus geht es auf einem gesperrten Weg zur Fahrstraße. Hier halten wir uns ein paar Schritte links, um dann rechts über die Moosachbrücke zu wandern. Es ist der Weg zu den sieben Moosachquellen. Wir kommen durch ein paar Gehöfte und stehen vor den Stufen, die zur Leonhardskapelle und zur Wallfahrtskirche St. Maria führen. Wir überqueren den Friedhof und treffen auf den Vorplatz mit einem Kiosk, in dem auch Andenken zu haben sind. Nach ein paar Schritten gelangen wir zum Parkplatz zurück.

Wegstrecke: 12 km
Gehzeit: 3 Stunden
Topographische Karte: 7937

24. Über Wolfersberg auf den Pframmerner Weg

Gemeindezugehörigkeit: Oberpframmern

Ausgangsort: Oberpframmern

Zufahrt/Lage:

Oberpframmern liegt am westlichen Rand des Landkreises, südwestlich von Ebersberg, von der Kreisstadt über Kirchseeon-Moosach zu erreichen. Im Westen reicht der Höhenkirchener Forst bis an die Gemeindegrenze. Die Flur der heutigen Gemeinde Oberpframmern war schon von den Römern besiedelt, wenn man den Ortsnamen richtig deutet. Er heißt nämlich in Vulgärlatein »ein an Pflaumenbäumen reicher Ort«. Erstmals genannt wird die Gemeinde im Jahre 790 in einer Freisinger Urkunde. Zur Kirche St. Andreas, die in der heutigen Form 1687 als Barockbau entstanden ist, gab es eine Wallfahrt. Verehrt wurde ein Vesperbild am linken Seitenaltar, von dem das Wallfahrtsbuch aus dem Jahre 1704 berichtet: dem Bilde sei Schweiß entronnen angesichts der Greuel des Spanischen Erbfolgekrieges. In der Nähe des Ortsteils Tal am südlichen Rand des Rodungsgebietes um Pframmern gab es die Eremitenklause Sommergrün. Die Eremiten erteilten von 1709 bis 1803, bis zur Säkularisation also, Schulunterricht. Er wurde für die circa 40 Kinder aus Pframmern und Egmating meistens im Winter abgehalten.

In Oberpframmern selbst, welches das Bild einer aufstrebenden Gemeinde zeigt, die aber ihren bäuerlichen Charakter nicht verleugnet, besticht ein hübsches Haus in der Zornedinger Straße, ein zweigeschossiger Bau mit Satteldach und Fresken im Heimatstil, das wohl um 1920 entstanden ist. Das Gewerbegebiet von Pframmern befindet sich am nördlichen Rand der Rodungsinsel, dort, wo die Wegkapelle aus dem Jahre 1860 steht. Die Gegend ist hier reich an hübschen Kapellen. So gibt es in Niederpframmern ein dem heiligen Georg geweihtes Kirchlein aus dem 17. Jahrhundert. Aus der ersten Hälfte des 18. Jahrhunderts stammt die Kapelle St. Ulrich in Wolfersberg. Das Gotteshaus in Esterndorf, östlich von Pframmern, ist ein kleiner spätgotischer Bau aus Tuffquadern, um 1500 entstanden und den Unschuldigen Kindern geweiht.

Verlauf der Wanderung: Zur Georgskapelle

Von der Kirche St. Andreas aus gehen wir ostwärts in die Glonner Straße, bewegen uns auf das Ortsende zu, biegen in Richtung Mehrzweckhalle in den Soiherweg links ab und hier nochmals links in den Feldweg, der nach Norden führt. Nach ein paar hundert Metern erreichen wir den Ortsteil Niederpframmern und bewundern hier vor allem die hübsche, achteckige Georgskapelle. An dieser vorbei, stoßen wir auf das Fahrsträßchen nach Esterndorf, in das wir rechts, ostwärts, einbiegen.

In das Gfillerholz

Die Fahrstraße bringt uns über einen Waldhügel, der »Gflocket« heißt. Danach erreichen wir über eine Senke den kleinen Ort Esterndorf. Bevor die Straße, es ist die Steinseestraße, ins Tal abfällt, zweigen wir links, nordwärts, ab. Auf einem Hügel steht die alte und sehr hübsche Filialkirche Unschuldige Kinder. Sie bleibt rechts liegen. Dann kommen wir an einem Weiher vorbei und wandern über die Felder auf den Waldrand zu. Hier zieht sich in westlicher Richtung eine Reihe von Privatgrundstücken mit Häusern hin. Wir gehen an einem solchen Privatgrundstück vorbei und nordwärts zwischen die Bäume, in das sogenannte Gfillerholz. Nun wandern wir über einer Abbruchkante entlang und halten uns bei der ersten Waldwegabzweigung links. Der Weg ist nicht zu verfehlen, denn Begrenzungspfähle und eine Gelbpunktmarkierung begleiten uns. Außerdem bewegen wir uns immer in nördlicher Richtung. Ein Stück steigen wir leicht bergauf und nach einer Kuppe wieder hinunter. In Stufen führt der Weg abwärts zu einer Forststraße, die wir überqueren. Immer noch abwärts kommen wir zu einer weiteren, nun quer verlaufenden Forststraße.

Über Wolfersberg

Hier biegen wir links ab und wandern in westlicher Richtung, zunächst ziemlich eben, dann leicht abfallend, durch das weiträumige Waldgebiet. Ohne abzuzweigen, erreichen wir die Rodungslichtung Wolfersberg und steuern gera-

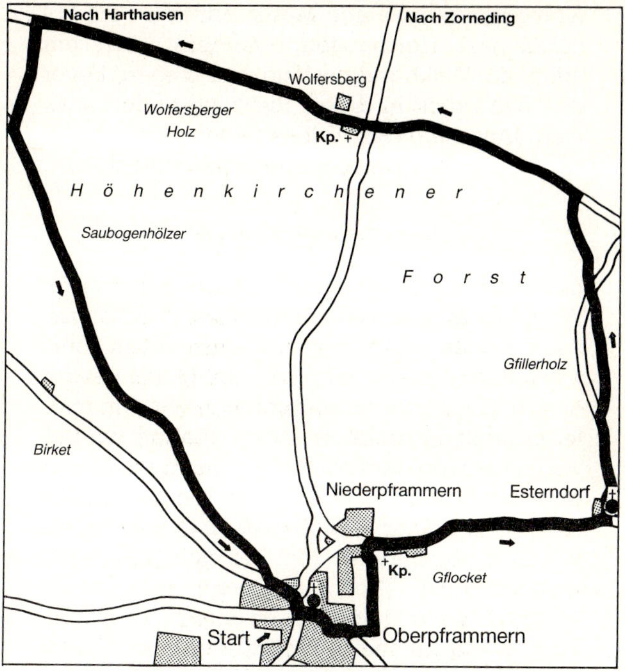

deaus auf den Weiler zu. Am linken Rand des Weilers steht die hübsche Kapelle St. Ulrich. Die Verbindungsstraße Zorneding–Oberpframmern bringt uns in den Ort hinein. Wir durchqueren ihn in westlicher Richtung und gehen auf die westliche Begrenzung dieser Rodungsinsel zu. Schnurgerade kommen wir in das Wolfersberger Holz und marschieren genau nach Westen hindurch. Schließlich überschreiten wir sogar die westliche Grenze des Landkreises Ebersberg, wenigstens um einige Meter, erreichen die Rodungsinsel Harthausen, wandern noch ein Stück am Waldrand entlang und biegen, bevor das Waldstück in dieser Richtung endet, links weg. Innerhalb des Waldes halten wir uns südwärts, bis wir wieder auf den Waldrand stoßen.

Auf dem Pframmerner Weg

Im Waldwinkel treffen wir auf den Pframmerner Weg, der schräg von Harthausen herkommt. Auf ihm schwenken wir südöstlich in den Forst, es sind die Saubogenhölzer, und gleich bei der ersten Wegverzweigung nehmen wir den mittleren. Jetzt den richtigen Weg zu halten, wird etwas schwierig! Am besten verfolgen wir immer genau die südöstliche Richtung. Einmal müssen wir uns bei einer Wegabzweigung nach rechts wenden, ein anderes Mal bei einer Mehrfachkreuzung links. Nochmals rechts geht es bei einem Jungwald weiter, an einem Zaun entlang, vorbei an einer Wildfütterung. Nach einer Kreuzung halten wir uns geradeaus. Der Weg ist nun etwas verwachsen und stellenweise mit Bauschutt aufgefüllt. Nach einer weiteren Wildfütterung wird daraus eine breite Forststraße. Von rechts mündet eine andere Forststraße ein. Eine deutliche Wegabzweigung leitet uns nun rechts und nach ein paar hundert Metern aus dem Forst, der hier »Birket« heißt und die Gemeindehölzer ablöst, hinaus. Auf den Höhen vor uns liegt Oberpframmern. Wir steuern über die Felder darauf zu, kommen zum Ortsrand und gehen, vorbei am Feuerwehrgerätehaus, zum Ortszentrum und zur Kirche zurück.

Wegstrecke: 14 km
Gehzeit: 3½ Stunden
Topographische Karten: 7936, 7937

25. Große Runde zum Speichersee

Gemeindezugehörigkeit: Pliening
Ausgangsort: Pliening

Zufahrt/Lage:

Pliening liegt im nördlichen Zipfel des Landkreises, von der Kreisstadt über Poing zu erreichen. Poing ist auch die nächste Bahnstation. Die A 94 ist 5 km entfernt. An der nördlichen Gemeindegrenze liegt der große Speichersee, der am Mittleren Isarkanal aufgestaut wurde und dessen Ufer- und Wasserflächen das größte Vogelschutzgebiet Bayerns bilden. Die Gemeindeflur ist eben und ohne Wald. Weitgehend sind es trockengelegte Moose.

Trotzdem muß das Land hier für frühe Besiedlung interessant gewesen sein, gehen archäologische Zeugnisse doch in die Urnenfelderzeit, also bis 1000 v. Chr., zurück. Hier wurden auch über 200 Gräber eines merowingischen Reihengräberfeldes gefunden, die aus der Zeit zwischen 500 und 700 n. Chr. stammen. Die Plieninger Flur gehört also zu den ältesten Bestattungsplätzen aus frühbayerischer Zeit südlich der Donau. Ein Moospliening ist in Urkunden aus dem Jahre 813 erwähnt. Damals wurde eine Kirche bei Pliening an das Domkapitel von Freising gegeben. Gemeint war allerdings die Kirche von Gelting, einem Ortsteil von Pliening, der Kirchpliening hieß. 1137 wird in Pliening ein Ortsadel genannt. Die heutige Plieninger Kirche dürfte im 12. Jahrhundert gebaut worden sein. Die Altarfiguren aus der Barockzeit werden dem Meister von Rabenden zugeschrieben. Bei Renovierungsarbeiten hat man Reste einer hölzernen Vorläuferkirche entdeckt. Die Plieninger Flur ist jedenfalls seit der Bronzezeit kontinuierlich besiedelt. Das wurde vor allem für Gelting nachgewiesen. Die dortige Pfarrkirche Mariä Himmelfahrt ist ein Bau des Spätrokoko. Aber das Kruzifix an der Südwand und das Gnadenbild am Hochaltar stammen aus dem 15. Jahrhundert. Auf einem Hügel hatte der Ortsadel von Gelting eine Burg, die um 1400 von den Wittelsbachern erworben wurde. 1661 ließ Kurfürst Ferdinand Maria an deren Stelle ein Sommerhaus bauen, das er als Jagdquartier benutzte. Was von den Baulichkeiten am Schloßhügel übrig blieb, gehört heute dem Dorfwirt.

Verlauf der Wanderung: Nach Ottersberg

Vom Rathaus Pliening starten wir, ostwärts am hohen Maibaum vorbei, auf der Geltinger Straße. Die romanische Kirche Zur Heiligen Kreuzauffindung lassen wir rechts liegen. Nach ein paar hundert Metern ist Gelting erreicht. Auf der Markt Schwabener Straße kommen wir am Neuwirt vorbei. Vor der Kirche Mariä Himmelfahrt gehen wir rechts in die Straße nach Unterspann. Wir schwenken aber gleich rechts in die Cundhartstraße, eine Töpferei gibt es hier, und nach den letzten Häusern halten wir uns auf dem Feldweg südwärts. Nach einer Kreuzung laufen wir unter einer Baumreihe, die auf einem Hügelansatz steht, entlang. Bei einer mächtigen Linde, einem Naturdenkmal, erreichen wir Ottersberg.

Ins Griesfeld

Im Ort, »An der Leiten« heißt es hier, halten wir uns rechts und gelangen zur kleinen Kapelle, die zur 1000-Jahr-Feier des Orts am 13. Juni 1980 geweiht wurde. 980 war es, als Graf Ulrich das Gut Otacheresperg dem Kloster Ebersberg schenkte. In der Nähe der Kapelle stand ehemals die Pankratiuskirche, die 1806 der Säkularisation zum Opfer fiel. Wir können nun den Pankratiusweg hinunterwandern und zur Fahrstraße Poing–Pliening hinüberlaufen. Dabei müssen wir aber durch ein Gut gehen, das an der Straße liegt. Wer das nicht will, marschiert auf dem Fahrweg südwärts weiter zum Ortsrand und westwärts hinunter zur Straße. Auf der Fahrstraße halten wir uns jedenfalls rechts. Auf dem Fußweg, Melchior-Huber-Weg heißt er, verlassen wir den Ort. Nach dem Ortsschild biegen wir links, westwärts, ab und kommen bald an einem Weiher vorbei. Es ist ein Schutzgebiet für Wasservögel. Nach dem Sportplatz, gleich dahinter, erreichen wir das Griesfeld.

Zum Landshamer Moos

Ziemlich gerade und westwärts führt unser Weg über die Ebene. Einziger markanter Punkt ist ein Feldkreuz mit einer Bank zwischen zwei Bäumen an einer Wegkreuzung. Unter zwei Überlandleitungen hindurch erreichen wir den

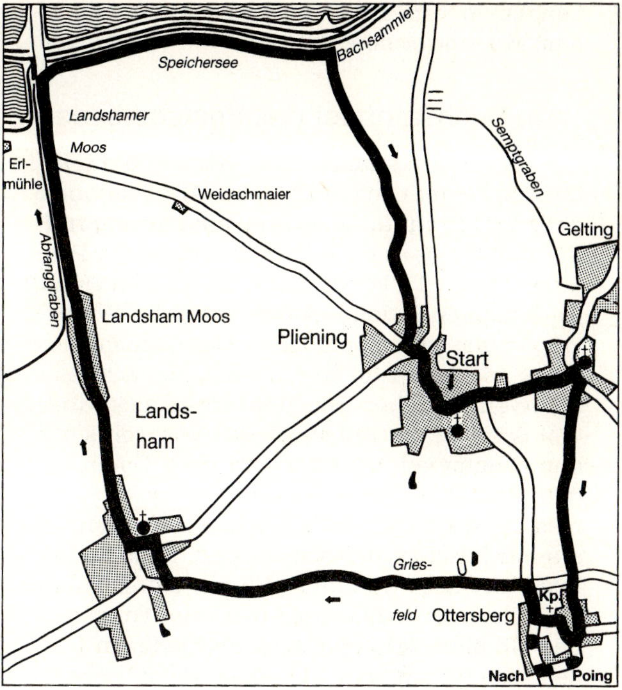

Ortsrand von Landsham. Vor den ersten Häusern biegen wir rechts in den Gartenweg und folgen ihm bis zur Hauptstraße. Hier beim Gasthof Königer gehen wir links, westwärts, weiter. Über eine Nebenstraße kommen wir an der Kirche St. Stephan, einem Rokokobau aus dem Jahre 1758, vorbei und wandern bis zu einer Querstraße, in die wir rechts abschwenken, uns genau nach Norden wenden, den Hauptort

Landsham verlassen und den Ortsteil Landsham Moos erreichen.

Am Bachsammler des Speichersees

Die Speicherseestraße bringt uns durch diesen Ortsteil weiter nach Norden, am Abfanggraben entlang, bis wir auf eine Straßenkreuzung treffen. Links geht es zur Erlmühle, rechts nach Pliening. Das ist der Weidacher Weg. Rechter Hand sieht man auch den Hof Weidachmaier. Wir bewegen uns weiter geradeaus. Das Landshamer Moos reicht bis zum Speichersee, den wir beim Stauwerk erreichen. Hier führt eine Brücke über den See. Vor der Brücke biegen wir rechts auf den Dammweg, dem wir nun nach Osten folgen. Vom Speichersee sind wir durch zwei Kanäle getrennt. Dazwischen liegen hohe Dämme, die mit Büschen bewachsen sind. Nach Süden reicht der Blick weit in die Ebene. Störend sind allerdings die sechs kreuz und quer verlaufenden Überlandleitungen, in verschiedenen Größen. Ein Jägerstand mit einer Wildfütterung bleibt rechts liegen. Schließlich biegen wir nach einem Zaun und einer Buschgruppe vom Bachsammler, so heißt der Graben hier, rechts, südwärts, weg auf Pliening zu, das in der Ferne sichtbar ist.

Parallel zur Straße zurück

Bald ist die erste der zahlreichen Überlandleitungen unterquert. Ein Weg mündet von rechts ein. Wir kommen unter der zweiten und dritten Überlandleitung hindurch, wandern immer geradeaus und parallel zur Fahrstraße. Die vierte und fünfte Überlandleitung verlaufen als Paar über den Weg. Schließlich erreichen wir die ersten Häuser von Pliening und den Gänsbrunnenweg, der uns zur Münchner Straße führt. Hier biegen wir links ein. Am Eck steht der Gasthof Forchhammer, ein stattlicher Bau mit historisierenden Stilelementen aus dem 19. Jahrhundert (Samstag Ruhetag). Von hier gehen wir rechts in die Geltinger Straße. Am Gasthof Neuwirt vorbei, kommen wir zurück zum Ausgangspunkt am Rathaus.

Wegstrecke: 12 km
Gehzeit: 3 Stunden
Topographische Karten: 7736, 7836

26. Vom Wildpark zur Anzinger Wallfahrt

Gemeindezugehörigkeit: Poing

Ausgangsort: Poing

Zufahrt/Lage:

Poing liegt an der Bahnlinie München–Simbach und hat eine S-Bahnstation. Durch den Südteil der Gemeindeflur verläuft die Autobahnstrecke zum neuen Münchner Flughafen Erding. Von der Kreisstadt führt eine Straße über Forstinning–Anzing durch den Ebersberger Forst, der mit seinen gewaltigen Ausmaßen – fast 90 qkm – die Landschaft nach Süden beschließt. Das Land ist fast eben. Die Moose beginnen hier, die sich weit nach Norden ausdehnen. Ebenfalls nördlich, ein paar Kilometer entfernt, liegt der Ismaninger Speichersee, am Mittleren Isarkanal aufgestaut, ein Fisch- und Vogelparadies. In früheren Jahrhunderten gab es in Poing einen Herrensitz. 1395 war der Ort Hofmark mit Gericht und Amtshof. Erstmals urkundlich erwähnt wurde er schon 981. Nach dem Bau der Bahnlinie und vor allem nach dem Zweiten Weltkrieg hat sich das Ortsbild erheblich verändert. Wohnsiedlungen und Gewerbebetriebe fanden hier ihre Heimstatt. Nur wenige Häuser an der Hauptstraße erinnern noch an die Vergangenheit, vor allem aber die Michaelskirche aus der Zeit um 1200, erbaut im romanischen Stil aus Tuffsteinquadern.

Östlich des Ortes ist ein Wildpark entstanden, und die südöstliche Nachbargemeinde Anzing, die wir bei unserer Wanderung besuchen, ist Anrainer des Ebersberger Forstes und uraltes Siedlungsgebiet. Funde aus der Kelten- und Römerzeit beweisen das. Die erste urkundliche Erwähnung 811 stammt aus der Zeit der bajuwarischen Landnahme. Die Leute des Anzo haben hier gesiedelt. Der südliche Teil der Gemeinde wurde früher Sunderndorf genannt, und hier gab es eine Burg namens Kürnstain. Es war die Stammburg des Geschlechtes Sunderndorf. Ein Chunrat dieses Namens erscheint in Urkunden um 1300. Die Nachfolger, die Herren von Armansperg, verkauften diesen Sitz 1652 an Leonhard Hoeger. 1800 verstarb der letzte männliche Nachkomme, der Inhaber des Anzinger Edelsitzes. Um 1625 entstand in Anzing eine blühende Wallfahrt zu Unserer Lieben Frau von Anzing. Seit 1681 bis heute wird in der barocken Kirche St. Mariä Geburt das Gnadenbild des Schlierseer Baumeisters Jörg Zwerger verehrt. 1692 ließ der Münchner Ratsherr Anton Benno Hoeger die »Schöne Capel« in Anzing erbauen. In ihr sind zahlreiche Reliquien sehenswert, aber auch die kunstgeschichtlich bemerkenswerte »Heilige Stiege«. Der Dichter Franz von Kobel hat den Ort Anzing in seiner Mundartballade »Der Posthalter von Anzing« verewigt. Der ehemalige Besitzer des historischen Gasthofes Alte Post, Franz Xaver Hirner, organisierte seinerzeit den Oberländer Widerstand gegen die Kaiserlichen im Spanischen Erbfolgekrieg.

Verlauf der Wanderung: Zum Wildpark hinaus

Von der Poinger Hauptstraße weisen Wegweiser zum Wildpark an der Bahnlinie im Osten der Gemeinde. Am Parkplatz auf dem Weg dorthin beginnt unsere Wanderung. Sie führt am Bahndamm und an der Begrenzung des Wildparks nach Osten entlang. Der Weg steigt etwas an. Bei einem kleinen Waldvorsprung halten wir uns rechts und gelangen zwischen die Bäume. Eine Abzweigung bringt uns wieder nach rechts zu einer Wiese hinaus. Wir kommen am östlichen Ende des Wildparks über eine Grabenbrücke zu einem Waldstück jenseits des Weidelandes. Südwärts bewegen wir uns zwischen den Bäumen und wandern am Wildzaun entlang. Der Weg macht einen Linksbogen und führt wieder nach Süden ins Feld hinaus auf Lindach zu.

Durch Anzing

Wir gehen nicht in den Weiler hinein, sondern halten uns vor den Gehöften rechts, erreichen den Rand dieser kleinen bäuerlichen Siedlung und marschieren wieder rechts hinaus in Richtung Anzing. Ein Graben wird überquert. Der Weg biegt nach Osten und zweigt ab. Wir müssen geradeaus hinaufwandern zur neuen Fahrstraße Anzing–Markt Schwaben. Der Rechtsabzweiger endet nämlich an der neuen Autobahn. Auf dieser Fahrstraße halten wir uns nun erneut rechts und kommen südwärts nach Anzing hinein. Es ist die Erdinger Straße, die uns in den Ort

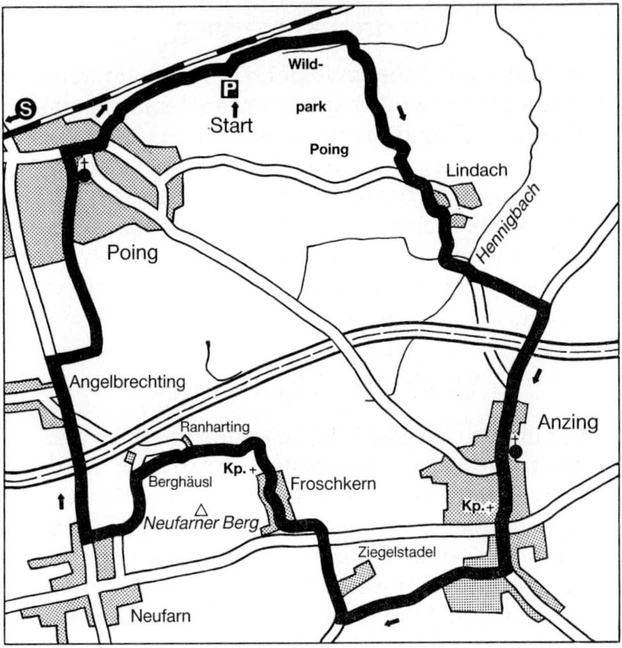

führt. Gleich am Anfang der Siedlung bei der Abzweigung Friedrich-Gerg-Straße stand bis 1791 auf der Anhöhe rechts die St.-Veits-Kirche. Ein Denkmal erinnert daran. Dann kommen wir zur Wallfahrtskirche im Ortszentrum und zum Kirchenwirt. Weiter geht es in der Hoegerstraße. Linker Hand steht der historische Gasthof Alte Post, rechts die hübsche Hoegerkapelle. Der Weiterweg bringt uns über ein große Kreuzung.

Auf dem Kaiserweg

Bei einer Straßenabzweigung biegen wir rechts weg und schwenken gleich erneut rechts in den Kaiserweg. Er führt uns westlich aus dem Ort auf Kaiserberg zu. Das ist ein Weiler auf einem Hügel vor dem sogenannten Turmhügel, wo sich Schanzenreste gefunden haben. Bei der Zufahrt zu diesem Weiler biegen wir rechts ab, an Ziegelstadel vorbei, und wandern hinunter zur B 12.

Über Berghäusl zurück

Wir überqueren die B 12, bewegen uns links weiter zum Weiler Froschkern und gehen nordwärts hindurch, vorbei an der kleinen Kapelle. Danach biegt der Weg nach Westen. Wir kommen am Gehöft Ranharting vorbei, es liegt unterhalb des Neufarner Berges, und erreichen die Häuser von Berghäusl. Über uns erleben wir, wie auf unserer ganzen Wanderung schon, das Starten der Flugzeuge vom Flughafen München-Riem. Da uns die neue Autobahntrasse ein Abschwenken von Berghäusl aus nach Norden, nach Poing, zu verwehrt, müssen wir zunächst links auf Neufahrn zugehen. Bei den ersten Häusern treffen wir dann auf das Sträßchen Neufahrn–Poing, folgen ihm nach Norden und erreichen den Weiler Angelbrechting. Das Gasthaus Max Ascherl lädt hier zur Einkehr. Nach dem Weiler biegen wir rechts ab und wandern ein Stück ostwärts zum waldbestandenen Rain hin, der eine Hochfläche abschließt. Am Hangfuß schwenken wir links ab, nach Norden. Bänke begleiten diesen Weg, den Parkweg, der uns, an Wohnblocks vorbei, nach Poing hineinführt. Er setzt sich in der Waldstraße fort. Von hier überqueren wir die Schulstraße in die Rathausstraße hinein, an deren Ende das Restaurant Schamperhof liegt. Wir gehen nun rechts in der Hauptstraße weiter, wo der Gasthof Liebhart »Zur Lederhos'n« beeindruckt. Danach zweigen wir links in die Schwabener Straße ab, biegen aber gleich rechts weg in den Osterfeldweg, der uns zurück zum Ausgangspunkt bringt.

Wegstrecke: 12 km
Gehzeit: 3 Stunden
Topographische Karten: 7836, 7837

27. Aus dem Ebrachtal nach Traxl und Pollmoos

Gemeindezugehörigkeit: Steinhöring
Ausgangsort: Steinhöring

Zufahrt/Lage:

Die Leute des Steinheri gründeten vor dem 9. Jahrhundert – von da an sind Urkunden vorhanden – Steinheringa. Der Ort im Ebrachtal an der Bundesstraße München–Wasserburg und der parallellaufenden Bahnlinie liegt zwischen Jungmoränen. Nach der Verwaltungsreform wurde die Gemeinde am Ostrand des Landkreises zur flächenmäßig größten. Der Gasthof Post an der Münchner Straße, schräg gegenüber der spätgotischen Pfarrkirche St. Gallus, die 1480 entstand, war einst eine Taverne, eine Einkehr- und Pferdewechselstation an der Poststraße. Ansonsten ist so ziemlich alles, was an das ehemalige Bauerndorf erinnert, neu gebauten Häusern gewichen. Der moderne Ort mit ausgebauter Infrastruktur ist von einer reizvollen und abwechslungsreichen Landschaft umgeben.

Verlauf der Wanderung:

Nach Traxl

Am westlichen Ortsrand an der Münchner Straße, beim Betreuungszentrum der katholischen Jugendfürsorge, bei den Gebäuden der Steinhöringer Werkstätten, starten wir und gehen in Richtung München, bis wir gleich links in

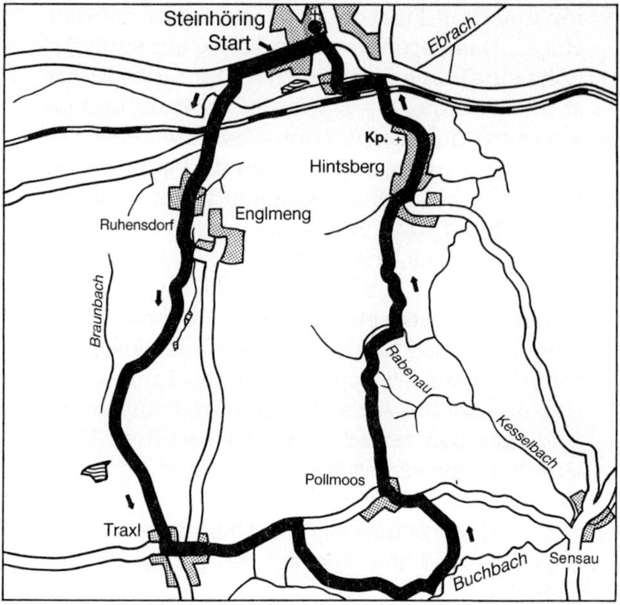

die Straße nach Traxl abbiegen können. Wir kommen über die Ebrachbrücke, lassen die Bärmühle rechts liegen, überqueren die Bahngleise und halten uns bei der Straßenverzweigung geradeaus. Wir erreichen Ruhensdorf. Das Überraschende ist, daß die Ortschaften hier unmittelbar im Bereich von Steinhöring zur Stadt Ebersberg gehören. Das betrifft sowohl den Ort Ruhensdorf mit der kleinen Kapelle aus Backsteinen und mit einem hölzernen Vordach, die Ende des 19. Jahrhunderts entstand, als auch den höher liegenden Ort Englmeng mit der im Kern romanischen Filialkirche St. Johannes auf dem Hügel. Das betrifft auch Traxl, wo auf einer Anhöhe eine bemerkenswerte spätgotische Kirche steht, St. Anna. Sie wurde 1497 gebaut und beeindruckt durch einen gut erhaltenen spätgotischen Saal mit Netzgewölben und einige Glasfenster aus Münchner Werkstatt. Wir wandern durch Ruhensdorf und halten uns im Straßenbogen geradeaus, marschieren also in den Feldweg zum Wald hinauf. Am Rand liegt ein Privatgrundstück mit einem Weiher. Hier, bei einem Gedenkmarterl für den Jagdaufseher Josef Hofmann, gehen wir südwärts in den Tann, bewegen uns bei der Abzweigung geradeaus weiter und kommen trotzdem zum westlichen Rand des Bergholzes, bleiben dann aber innerhalb des Waldes, immer noch in südlicher Richtung. Der Weg führt zum Waldrand hinaus, an diesem aufwärts und auf den spitzen Kirchturm von Traxl zu.

Zur Buchbachschlucht

An der Kirche St. Anna vorbei gehen wir in den Ort hinunter, biegen links in die Fahrstraße und wandern beim Straßenbogen geradeaus in östlicher Richtung bergauf in die Felder. Links und rechts liegen weiträumig Waldstücke. Wo links die Waldinsel endet, eine Holzhütte steht hier, biegen wir rechts ins Feld und gehen auf dem Weg in den jenseitigen Waldwinkel hinunter. Wir kommen im Wald dann oberhalb einer tief eingeschnittenen Schlucht, die zunächst von einem Zufluß des Buchbachs gebildet wird, in südöstliche Richtung. Nach einer Wildfütterung in Höhe des Ortes Pollmoos macht unser Weg einen Bogen nach rechts. Wir gehen geradeaus, zweigen aber bald rechts ab, kommen über einen verwachsenen Weg schräg in den Hang und gelangen über ein tief eingeschnittenes Steilstück hinunter in die Schlucht des Buchbachs.

Auf der Höhe über Pollmoos

Vor dem Buchbach biegen wir im spitzen Winkel links weg und gehen parallel zum Bach zum Waldrand. Hier halten wir uns rechts bis zum Weiher, um dann links den Hang hoch zu steigen auf einer Feldstraße, die uns zur Verbindung Pollmoos–Sensau bringt. Von hier aus erreichen wir, uns links wendend, den kleinen Ort Pollmoos, der auf einer ausgeprägten Anhöhe liegt und einen großartigen Ausblick in Richtung Osten und Südosten bietet. Im Ort halten wir uns rechts, bis die Fahrstraße links abzweigt. Wir gehen geradeaus auf dem Feldweg weiter, an einem Tümpel vorbei, auf den Waldrand zu, wo ein Bildstock steht. Eine Bank lädt zur Rast. Wir kommen bergab an einer Wildruhezone vorbei, wandern im Rechtsbogen zum nördlichen Ende des Waldstücks und sehen vorab eine Waldinsel, den Weiler Hintsberg und die Kirchturmspitze von Steinhöring. Rechter Hand liegen die Ausläufer der Rabenau. Die Landschaft hier ist feucht, voller Gräben, Tümpel und Quellen. Der Feldweg leitet uns auf das Waldstück zu, das auf einer leichten Erhebung liegt. Eine Bank steht hier. Danach kommen wir nach Hintsberg, wo es ein paar hübsche alte

Bauernhäuser aus dem 19. Jahrhundert gibt. Wenn wir den Ort nordwärts verlassen, gehen wir an der Kapelle vorbei, die einen hölzernen Vorbau hat und 1907 von Josef und Rosalia Moritz gebaut wurde. Hier beginnt bereits Steinhöring. Ein Tuffsteinpfeiler aus dem Jahre 1722 steht am Straßenrand. Die Straße zieht mit 6% Gefälle durch das Neubaugebiet zur Bahnlinie. Nach den Bahngleisen halten wir uns links und gelangen in die Bahnhofstraße. Beim Gasthof Ramsl biegen wir rechts zum Ortszentrum hoch und kommen über die Ebrach- und die Kanalbrücke zur Hauptstraße, wo die Kirche und schräg gegenüber der Gasthof Zur Post stehen.

Wegstrecke: 12 km
Gehzeit: 3 Stunden
Topographische Karte: 7938

28. Nach Sankt Christoph jenseits des Tales

Gemeindezugehörigkeit: Steinhöring

Ausgangsort: Abersdorf

Zufahrt/Lage:

Das Gemeindegebiet von Steinhöring erstreckt sich im wesentlichen zwischen der Bahnlinie München–Wasserburg, der parallellaufenden Bundesstraße 304 im Süden, der östlichen Landkreisgrenze, dem Großhaager Forst und dem Ebersberger Forst, also nördlich auch des Ebrachtales, in einem Jungmoränengebiet. Zusammen mit der ehemals eigenständigen Gemeinde Sankt Christoph ist Steinhöring Flächenmäßig eine der größten Gemeinden des Landkreises.

Der Name des Ortes taucht erstmals im 9. Jahrhundert auf. Die Leute des Steinheri wohnten hier. Im Beisein von Bischof Hippo von Freising wurde am 15. Januar 825 ein Besitztum der Kirche und der heiligen Maria übergeben. Unter diesem Patronat ist die Pfarrkirche 1442 zum letzten Mal genannt. Aber eine Marien-Wallfahrt gab es noch bis in die Zeit des Dreißigjährigen Krieges. 1480 wurde dann die St. Gallus geweihte Pfarrkirche in spätgotischem Stil gebaut. Um 1123 gab es in Steinhöring einen Adelssitz, um 1416 einen herzoglichen Kasten und eine Schranne. Gefechtsort war das Gemeindegebiet am 3. Dezember 1800, als die österreichische Division Risch und die französische Divi-

sion Richepance miteinander kämpften. Ein Votivbild in der Pfarrkirche erinnert daran.
Das Ebrachtal, in dem Steinhöring liegt, wird im Norden von einem Höhenzug begrenzt. Es folgt das Quellgebiet des Albachs, das eine Mulde bildet. Zuflüsse von Norden vor allem kommen in tief eingeschnittenen Schluchten aus Hügeln am Rande der großen Forste. Hier, auf den aussichtsreichen Höhen, zu wandern, läßt einen eine liebliche und abwechslungsreiche Landschaft erleben.

Verlauf der Wanderung: Über Buchschechen hinauf

Die Anfahrt zum Ausgangspunkt unserer Wanderung erfolgt von Steinhöring aus nordwärts über Abersdorf hinaus, wo wir hinter der Ortschaft rechts abzweigen, auf die großen Gasbehälter zu, die hier das Landschaftsbild bestimmen. Vor der Anlage biegt ein Sträßchen nach Buchschechen–Etzenberg ab und auf dieser Straße beginnen wir unsere Wanderung. Wir steigen also, an der Speicheranlage vorbei, am Hang aufwärts zum Weiler Buchschechen. Beim letzten Haus schwenken wir links von der Straße weg, gehen einen Hang in östlicher Richtung hinunter und halten uns bei einer Abzweigung südlich, um bei nächster Gelegenheit wieder nach Osten, also links, auf das Wäldchen zu abzubiegen. Ein Stück wandern wir hier am Rand entlang, um dann schräg nordöstlich ins Tal hinabzusteigen. Durch eine Mulde steuern wir auf die Masten der Überlandleitung zu.

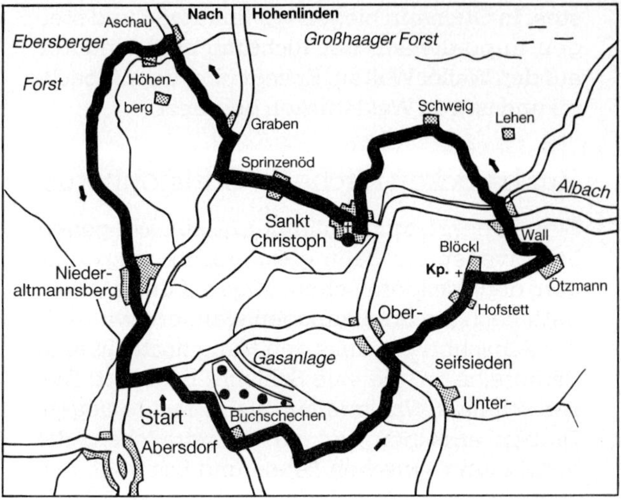

Hofstett und Ötzmann

Wieder ein Stück hügelaufwärts erreichen wir ein Teersträßchen und gehen auf diesem links auf Oberseifsieden zu. Vor dem Ortsschild zweigen wir rechts ab. Es ist nach Hofstett, Blöckl und Ötzmann beschildert. Der Weiler Hofstett liegt auf einer Anhöhe. Von hier wandern wir auf das noch höher gelegene Gehöft Blöckl zu. Vor der Kapelle, einem neugotischen Ziegelbau aus dem Ende des 19. Jahrhunderts, schwenken wir rechts weg. Wir halten uns wieder ostwärts und bevor das Land auf Ötzmann zu abfällt, haben wir einen großartigen Blick vor allem nach Nordwesten auf das Albachtal hinunter und über die Höhen des Großhaager Forstes. In Ötzmann biegen wir links weg und steigen in nordwestlicher Richtung steil hinunter auf den Weiler Wall zu. Er liegt über dem Albachtal und ist von Waldstücken begrenzt.

Zur barocken Kirche St. Christophorus

Eine Vorfahrtsstraße nimmt uns auf. Wir gehen links weiter, um dann gleich rechts wegzubiegen, den Schildern Lehen, Mayrhof und Maitenbeth nach. Im Straßenbogen wandern wir nach der Albachbrücke links den Hang hoch auf eine Baumreihe zu, die eine Schlucht begrenzt. Dieser schmale Waldstreifen bleibt rechts liegen. Droben erreichen wir ein Quersträßchen, die Verbindung zwischen Lehen und Schweig. Diesem folgen wir links, kommen am Weiler Schweig vorbei und gehen nun links auf einem steilen und langgezogenen Weg auf den kleinen Ort Sankt Christoph zu. Ein Stück bewegen wir uns dabei an einem Bach entlang, vorbei auch an einem Feldkreuz mit einer Aussichtsbank. Bei den ersten Häusern steigen wir die Stufen zur Kirche hinauf, einem Barockbau, der um 1670 entstand. Sie liegt auf einem Höhenvorsprung, der einen weiten Ausblick ins Land ermöglicht. Gegenüber können wir im Gasthof Konstantin einkehren, ehe es in westlicher Richtung und bergauf, ebenfalls an einer Schlucht entlang, weitergeht zum Weiler Sprinzenöd. Hier steht die sogenannte Schimmelsäule. Das ist ein ehemaliger Grenzstein der Grafschaft Haag, der die Jahreszahl 1686 trägt, etwa 30 m südlich vom Haus Nr. 1.

Über Aschau zurück

Es ist eine Höhenstraße, die nun westwärts weiterführt und an der Verbindungsstraße Steinhöring–Hohenlinden endet. Hier biegen wir rechts ab auf den Weiler Graben zu. Es lohnt sich, die Gebäude dieser zahlreichen Gehöfte und Weiler im Gemeindegebiet Steinhöring genau anzuschauen. Oft sind es stattliche alte Bauten mit bemerkenswerten Bundwerkgiebeln und Traufbundwerk. Blockbauten und Langziegelbauten sind darunter, auch etliche Bundwerkstadel. Vieles geht auf das 18. Jahrhundert zurück. Beim Ortsschild von Graben schwenken wir links weg in Richtung Aschau–Höhenberg. Wir kommen, an einem Maibaum vorbei, zwischen Waldstücken hindurch und wandern schließlich durch einen Waldstreifen hinunter zu den Häusern von Aschau, das an drei Seiten von Wald umgeben ist. Über einen Graben erreichen wir das erste Haus, wo wir links abbiegen, westwärts. An einem Gehöft vorbei, stoßen wir unterhalb von Höhenberg an den Rand des Ebersberger Forstes. Hier macht der Weg einen Bogen. Wir gehen nun südwärts über einen Feldstreifen erneut zum Waldrand, halten uns bei der Wegabzweigung links, verlassen nach einigem Auf und Ab den Bereich des Forstes und treffen auf ein Gehöft und auf ein Teersträßchen. An klaren Tagen können wir südwärts die Kette der Alpen sehen. Über einen Buckel steigen wir hinunter nach Niederaltmannsberg. Durch den Ort kommen wir vollends ins Tal, zweigen rechts ab in die Straße Steinhöring–

Hohenlinden und gehen bei erster Gelegenheit links zurück zu unserem Ausgangspunkt.

Wegstrecke: 10 km
Gehzeit: 2½ Stunden
Topographische Karte: 7838

29. Vom Sportzentrum nach Ingelsberg

Gemeindezugehörigkeit: Vaterstetten

Ausgangsort: Vaterstetten

Zufahrt/Lage:

Vaterstetten ist die größte Gemeinde des Landkreises Ebersberg. Sie liegt auf einer weiten Ebene westlich des Ebersberger Forstes, an der westlichen Landkreisgrenze, im Winkel, der von der A 99 und der Bahnlinie München–Rosenheim beziehungsweise der parallellaufenden Bundesstraße 304 München–Wasserburg gebildet wird.

Der wirtschaftliche Aufschwung des Ortes begann 1869 mit der Fertigstellung der Bahnlinie. Die gute Verkehrsanbindung an München, heute sogar mit S-Bahn-Anschluß, war der Anlaß, daß sich um die Jahrhundertwende Münchner Bürger Grundstücke beiderseits der Bahnlinie kauften. Zunächst waren es Wochenendhäuser, die entstanden. Bald aber wurden ständige Wohnsitze daraus, vor allem nach dem Zweiten Weltkrieg. In rascher Folge wurden neue Siedlungsgebiete ausgewiesen. Der Gemeindeteil Kolonie Baldham im Südosten entstand als Siedlung im Grünen.

Das alte Ortszentrum von Vaterstetten liegt nördlich der Bahnlinie. Die Besiedlung geht auf die bajuwarische Landnahme zurück, worauf Reihengräber, Hochäcker, Patrozinien und Ortsnamen deuten lassen. Der Ortsteil Purfing erscheint 806 in einer Urkunde, Weißenfeld 1045, der ursprüngliche Ort Baldham 1050, 1104 Vaterstetten selbst, 1113 Parsdorf. In Purfing gab es einen Ortsadel. Im 16. Jahrhundert ist die Ruine einer Burg Gebelsberg auf Karten abgebildet. Ortsadelige sind auch in Parsdorf und Vaterstetten nachgewiesen. Die Besitzrechte in den Dörfern der Gemeinde lagen bei den Klöstern Tegernsee und Schäftlarn, beim Hochstift Freising und beim Heilig-Geist-Spital in München. Aber auch einige Patrizier aus München hatten hier Grundbesitz. Der Gemeindesitz wurde 1871 aus Parsdorf nach Vaterstetten verlegt.

Verlauf der Wanderung: Über Baldham hinaus

Im Norden von Vaterstetten findet sich das großzügig angelegte Sportzentrum, das gut mit Wegweisern ausgeschildert ist. Bei den Parkplätzen beginnen wir unsere Wanderung. Die Anlagen bleiben rechts liegen. Wir kommen am Fahrradparkplatz vorbei und laufen bei der Straßenkreuzung in der Sebastian-Bach-Straße weiter. Über die freie Ebene geht es auf Baldham zu. Die Vaterstettener Straße bringt uns in den Ort. An der Filialkirche St. Corbinian, die im Kern romanisch ist, aber 1656 bis 1661 barock ausgebaut wurde, marschieren wir vorbei zum Straßenbogen. Von hier gehen wir geradeaus weiter, um dann zwischen der Brennerei und der privaten Stockmayrkapelle rechts in den Feldweg hinauszubiegen.

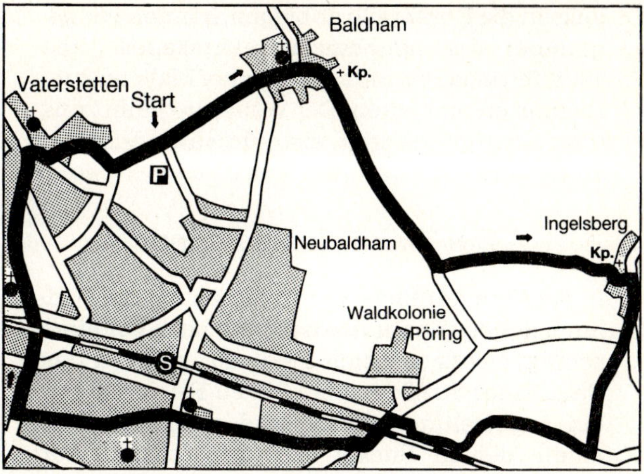

Durch den Wald nach Ingelsberg

In südöstlicher Richtung steuern wir übers freie Feld auf den Waldrand zu. Der Forstweg führt uns in der gleichen Richtung weiter, bis wir bei einer Kreuzung links abzweigen, den Wald genau westwärts verlassen und hügelan wandern. Vor uns liegt Ingelsberg, das bereits zur Gemeinde Zorneding gehört, hinter einem sanften Hügel. In einer Mulde hinter der Hügelkuppe vor Ingelsberg findet sich ein ziemlich großer Weiher von Bäumen umrahmt, dahinter der Reiterhof und die Hammer-Stuben, eine rustikale Einkehr. Die Speisekarte weist viele vegetarische Gerichte auf. Nach ein paar Schritten sind wir im Zentrum des Weilers. Wenn wir aus dem Bergweg, der uns hergebracht hat, links in die Dorfstraße abbiegen, können wir gegenüber der neugotischen Ortskapelle, die 1868/69 gebaut wurde, im Gasthof Mayr oder im Biergarten einkehren. Der Weiterweg führt uns aber entgegengesetzt, also südwärts, aus dem Weiler hinaus.

Zur Waldkolonie Pöring

In der Pöringer Richtung verlassen wir die Siedlung, gehen vor der Abzweigung nach Baldham schräg rechts in einen Feldweg, kreuzen das Baldhamer Sträßchen bei einem Feldkreuz mit einer gewaltigen Linde und wandern über einen kleinen Buckel südwärts, parallel zur Fahrstraße nach Zorneding, weiter. Bei nächster Gelegenheit schwenken wir rechts, westwärts, weg. Im Süden verläuft die Bahnlinie. Man hört die Züge vorbeidonnern. Dahinter liegen die Häuser von Zorneding und vor uns im Südwesten ein Waldstreifen. Unter einer Überlandleitung hindurch erreichen wir den Waldrand. Bei einer Wegkreuzung am Waldeck gehen wir geradeaus in den Forst hinein. Der Weg verzweigt. Wir halten uns rechts, zwischen den Bäumen hindurch, und bei der nächsten Abzweigung biegen wir links ein. Wir kommen in die Nähe des Bahndamms und bewegen uns ein Stück parallel dazu, um dann vor Beginn der Waldkolonie Pöring ein paar Schritte rechts hinüber zu machen zu einem Fahrsträßchen, das uns nach links in die Siedlung hineinführt.

An der Schule vorbei in die Rosengasse

Bei der ersten Straßenkreuzung gehen wir links auf der Frühlingstraße durch die Bahnunterführung, wenden uns rechts in die Brunnenstraße und wandern nun genau westwärts durch die großzügig angelegte Siedlung der Kolonie Baldham. Bei einem Stück freien Landes erreichen wir die Grundschule Baldham. Dahinter liegt die Pfarrei Maria Königin. Nach der Kreuzung stoßen wir auf die Waldstraße und marschieren weiter, bis wir nach der Abzweigung Kirchenweg den Ortsrand von Vaterstetten erreichen. Der neue Name unseres Weiterweges ist Rosengasse. Sie verläuft nach einer Kreuzung als Fußweg weiter und endet bei der quer verlaufenden Möschenfelder Straße.

Über die Dorfstraße zurück

Auf ihr gehen wir nun genau in nördlicher Richtung auf die Bahnlinie zu. Vor der Unterführung können wir in den Luitpold-Stuben und im Restaurant Zum Schwejk einkehren. Bis hierher hat uns eine Überlandleitung begleitet. Nach der Unterführung zweigt sie nach rechts ab. Wir wandern an der neuen Kirche vorbei. Am Rathaus rechter Hand grenzt freies Feld an. Wo die Besiedlung die Straße wieder umschließt, wird sie Dorfstraße genannt. Vor uns am Platz stehen der Maibaum und linker Hand der Gasthof Alter Hof mit Biergarten. Ein Stück weiter würden wir die Filialkirche St. Pankratius erreichen, einen romanischen Bau, der um 1200 entstand. Aber wir halten uns bei der Kreuzung rechts und gelangen in die Heinrich-Marschner-Straße. Von dieser zweigen wir nach links in die Baldhamer Straße ab und kommen zum Sportzentrum zurück, wo wir in der Sportgaststätte einkehren können.

Wegstrecke: 10 km
Gehzeit: 2½ Stunden
Topographische Karten: 7836, 7936

30. Wege zu Kirchen und Kapellen

Gemeindezugehörigkeit: Zorneding
Ausgangsort: Zorneding

Zufahrt/Lage:

Zorneding ist ein Straßendorf an der uralten Salzstraße, der heutigen B 304, und auch an der Bahnlinie München–Rosenheim. Es ist eine bajuwarische Gründung aus der Einwanderungszeit Mitte des 6. Jahrhunderts. Urkundlich erstmals erwähnt wird es 813. Zornheltinga hieß der Ort damals, »Rodung des Zoro«. Um 1095 gab es hier einen Edelsitz. Die Wälder ringsum waren Eigentum der bayerischen Herzöge, die im Ort ein Jagdschloß hatten. Herzog Ludwig der Brandenburger ist während eines Jagdausfluges 1361 hier gestorben. Seine Gattin war übrigens Margarete Gräfin von Tirol, die »Maultasch«. Von einer Pfarrkirche im Ort ist erstmals 1524 die Rede. 1917 bis 1921 wurde St. Martin vermutlich von Johann Georg Ettenhofer umgebaut. Der Ort hatte auch eine Poststation. Als einer der bekanntesten Posthalter gilt der am 25. Mai 1832 verstorbene Adam Anton Grandauer. Seinerzeit wurde der Gemeindewald an die Zornedinger Bauern aufgeteilt.
Interessant ist auch das Wappen des Ortes: der Brandenburger Adler, der auf den Tod Herzog Ludwigs V im Zornedinger Jagdschloß Bezug nimmt. Ihm war von seinem Vater, Kaiser Ludwig dem Bayer die Mark Brandenburg zuge-

schoben worden. 50 Jahre war demnach Preußen in Wittelsbacher Hand, bis es 1373 an die Luxemburger fiel.
Bei der Gebietsreform 1978 kam die Gemeinde Pöring mit den Ortsteilen Ingelsberg und Wolfesing zu Zorneding. Im Austausch mußten die Ortsteile Kolonie Baldham und Waldkolonie Pöring an Vaterstetten abgegeben werden. Das Gemeindegebiet grenzt an den Ebersberger Forst. Zorneding hat S-Bahn-Anschluß.

Verlauf der Wanderung: Zur Antonikapelle

Friedhof und Sportzentrum befinden sich am Südrand der Gemeinde. Hier gibt es zahlreiche Parkplätze, und hier starten wir unsere Wanderung. Wir gehen zunächst auf der Wolfersberger Straße dem Ortszentrum zu und halten uns bei der ersten Kreuzung »Am Rain« links, wo wir am Ortsrand auf den Sonnenweg stoßen. Hier wandern wir rechts, nordwärts, weg, überqueren die B 304, bleiben in nördlicher Richtung auf der Straße »An der Flur« und erreichen bald die Antonikapelle, die rechter Hand auf einem Hügel steht. Es ist ein hübscher Barockbau aus dem 17. Jahrhundert. Weiter geht es in der bisherigen Richtung, bis wir rechts den Kapellenberg hochsteigen. Am Ende schwenken wir erneut rechts ab, um dann links in die Rosa-Schöpf-Straße einzubiegen. An deren Ende halten wir uns wieder links, wandern also nach Norden.

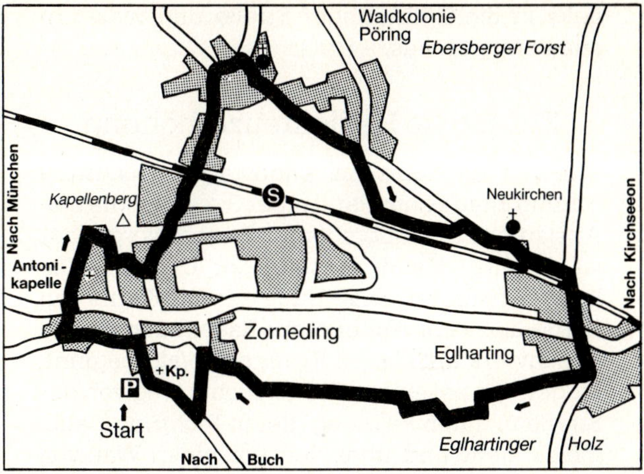

Über die Waldkolonie Pöring hinaus

Die Bahnhofstraße nimmt uns auf. Auf ihr kreuzen wir die Lärchenstraße. Ein Bierstüberl bleibt am Wege liegen. Bald ist die Bahnlinie erreicht. Durch die Unterführung kommen wir auf die andere Seite und in die Waldkolonie Pöring hinein. Es ist die Anzinger Straße, der wir nun folgen. Sie biegt in der Waldkolonie Pöring nach rechts, ostwärts, und führt dann links nach Norden aus dem Ort hinaus. Bei dieser zweiten Biegung zweigen wir rechts in die Burgstraße ab. Hier steht die barocke Filialkirche St. Georg aus dem Jahre 1696 auf einem Hügel, wo sich vermutlich einst eine Burg befand. Beim Gasthof Mairsamer verlassen wir die Burgstraße, schwenken links in die Eglhartinger Straße und wandern aus Pöring hinaus.

Zur Kirche Heiligkreuzerhöhung

Unser Weg führt in südöstlicher Richtung schnurgerade zum Rand einer Siedlung, die den Ausläufern des Ebersberger Forstes vorgebaut ist. Rechter Hand, jenseits der Bahnlinie, erhebt sich am östlichen Ende des Ortskerns von Zorneding eine Anhöhe mit Rasenhängen und Buschwerk am Gipfel. Bevor der Wald beginnt, biegen wir bei einem Gehöft rechts weg von der Straße in einen Feldweg, der in Richtung Bahngleise zieht und über den wir einen Waldvorsprung erreichen. Nun geht es links weiter, zunächst am Bahndamm entlang, dann am Rande des Wäldchens und schließlich im Bogen wieder zur Fahrstraße. Es war also nur ein kleiner Umweg, um dem Verkehr zu entgehen. Auf dieser Straße stoßen wir auf den Weiler Neukirchen, der bereits zur Gemeinde Kirchseeon gehört und der eigentlich nur aus einem Haus und der Filialkirche Heiligkreuzerhöhung, einem Barockbau aus dem Ende des 17. Jahrhunderts, besteht. Kirche und Friedhof sind sehenswert.

Ins Eglhartinger Holz

Wir kommen auf der Fahrstraße wieder in die Nähe der Bahngleise und biegen nach dem Ortsschild von Eglharting rechts ab. Wir passieren die Bahnunterführung. An einem Maibaum vorbei treffen wir auf die B 304. Hier steht der Gasthof Hamberger und gegenüber der Hamberger-Brunnen, der an das Jahr 1946 und den Wasserbeschaffungsverband erinnert. Die Zornedinger Wasserleitung wurde 1893 eingerichtet. Auf der anderen Seite der B 304 steht der Gasthof Maier. Wir überqueren die Bundesstraße und gehen in der Bucher Straße weiter. Bei erster Gelegenheit, im Straßenbogen, zweigen wir rechts in den Feldweg ab, der auf den Wald zuleitet. Westwärts wandernd erreichen wir das Eglhartinger Holz und halten uns am Rand ein paar Schritte links, um dann auf dem mittleren der drei Wege wieder westwärts in den Forst zu gelangen.

Zum Sportplatz zurück

Am Eck einer Waldlichtung biegen wir rechts ab, kommen zu einer Kreuzung von Waldwegen, halten uns links und stoßen auf den gegenüberliegenden Rand des Waldstreifens. Ein paar Schritte bewegen wir uns rechts, nordwärts, am Rand entlang, um dann links dem Feldweg zu folgen, der auf Zorneding zuführt. Im Bogen treffen wir auf ein Gehöft. Danach, wo zwei Wege abzweigen, geht es links, südwärts, auf die Sportanlagen zu. Hier stoßen wir zur Straßenverbindung Zorneding–Buch und wandern rechts zurück zum Ausgangspunkt.

Wegstrecke: 10 km
Gehzeit: 2½ Stunden
Topographische Karten: 7936, 7937

Der Landkreis Ebersberg liegt in der Mitte des Regierungsbezirks Oberbayern. Gemeinsame Grenzen hat er mit den Landkreisen München, Erding, Mühldorf und Rosenheim. 549,32 qkm ist dieser kleinste oberbayerische Landkreis groß. Unter den 71 bayerischen Landkreisen liegt er damit an 66. Stelle.
Anders sieht es bei der Einwohnerzahl aus, die auf die Hunderttausend-Grenze zugeht. Damit liegt der Landkreis bezüglich der Einwohnerzahl in Oberbayern auf dem 10. Platz und in Bayern an 38. Stelle der Besiedlungsdichte.
Ein Drittel der Fläche des Landkreises befindet sich im Bereich der Münchner Schotterebene. Zwei Drittel lassen sich verschiedenen Hügelländern zuordnen. Im Norden und Nordosten gehört ein verhältnismäßig kleines Stück dem Isen-/Sempt-Hügelland an. Im Osten und Süden sind die Erhebungen dem Inn-/Chiemsee-Hügelland zuzuordnen.
Ein Drittel der Kreisfläche ist von Wald bedeckt. Dazu gehört der rund 90 qkm umfassende Ebersberger Forst, in dem es keine Siedlungen gibt. Die Natur- und Landschaftsschutzgebiete, elf an der Zahl, umfassen mehr als 110 qkm.
Der tiefste Punkt des Landkreises liegt im Nordwesten beim Speichersee, der vom Isarkanal gebildet wird. In dem geschützten Vogelparadies hier wurden über 260 verschiedene Vogelarten nachgewiesen. Ein weiterer Tiefpunkt liegt im Südosten bei Aßling. Die höchste Erhebung findet sich östlich von Egmating im 638 m hohen Obermaierberg.
Die Besiedlung der Landkreisregion reicht weit zurück in die Bronzezeit. Keltische und römische Funde wurden bei Ausgrabungen entdeckt. Aber im wesentlichen gehen die Ortsgründungen auf die bajuwarische Landnahme zurück. Große Teile des Landes kamen in Besitz der Kirchen und Klöster, die der wirtschaftlichen und kulturellen Entwicklung ihren Stempel aufdrückten. Der regionale Ortsadel hatte nie besondere Bedeutung.
Das Gebiet zwischen Hohenlinden und Ebersberg ist als Schauplatz von Schlachten während der napoleonischen Kriege in die Geschichte eingegangen.
Der Landkreis ist Wochenendausflugsgebiet der Region München und dementsprechend stark frequentiert. Trotzdem finden Wanderer viele interessante Möglichkeiten für erlebnisreiche Ausflüge.

Notizen

Notizen